한국 교회에서
여전도사로 살아남기

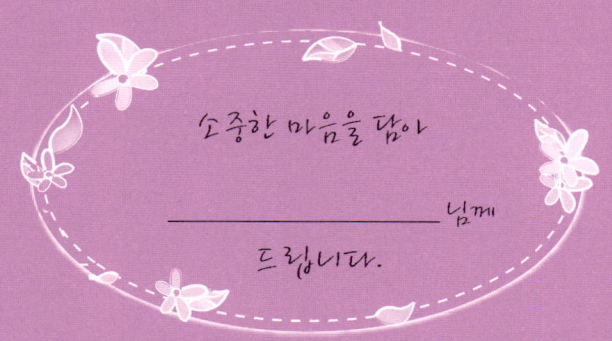

소중한 마음을 담아

_____ 님께

드립니다.

한국 교회에서
여전도사로 살아남기

ⓒ 생명의말씀사 2009

2009년 5월 31일 1판 1쇄 발행

펴 낸 이	김창영
펴 낸 곳	생명의말씀사
등 록	1962. 1. 10. No.300-1962-1
주 소	110-101 서울 종로구 송월동 32-43
전 화	(02)738-6555(본사), (02)3159-7979(영업부)
팩 스	(02)739-3824(본사), 080-022-8585(영업부)

지 은 이	김민정

기획편집	박미현
디 자 인	오수지
제 작	신기원, 오인선, 홍경민
마 케 팅	이지은, 선승희, 박혜은
영 업	박재동, 김창덕, 김규태, 이성빈, 김덕현, 황성수
인 쇄	영진문원
제 본	정문바인텍

ISBN 978-89-04-15851-5 (03230)

저작권자의 허락없이 이 책의 일부 또는 전체를
무단 복제, 전재, 발췌하면 저작권법에 의해 처벌을 받습니다.

두꺼비 스피릿에서 나아가 창조적 사역자로 자리매김하는 법!

한국 교회에서 여전도사로 살아남기

| 김민정 |

생명의말씀사

CONTENTS

서문 | 밑 빠진 항아리와 두꺼비 스피릿 … 10
너무 뽑을 사람이 많아서 고민?
교집합의 자리는 없을까?
능력봉에서 내려와 행동하라

chapter 1 | 왜곡된 순종, 길들여진
본성에서 깨어나라 … 23
아니, 못해. 이건 내 일이 아냐!
네가 낫기를 원하느냐?
획기적 제안, 그 획기적 결과

chapter 2 | 새롭게 드러나는
틈새를 채워라 … 39
틈새를 발견하는 습관을 가져라
눈을 매일 새로 씻어라

chapter 3 | 여자의 강점으로
교회를 살려라 … 59
때로는 많은 일보다 결정적인 일이 필요하다
기능을 키워야 일을 감당할 수 있다

chapter 4 | 선택의 기로에서
이불깔고 눕지 마라 … 81

선택이 목표에 다리를 놓는다
당신은 하나님의 관심 없는 여벌인가

chapter 5 | 담임목회자의
마음을 읽어라 … 99

아버지와 맏형의 차이
통으로 보고 길이로 보라
불안해하는 담임목회자 안심시키기

chapter 6 | 미래를 예측하면
유능해진다 … 119

모든 것을 시간 길이로 사고하라
빈 그릇을 준비하지 않았다면

chapter 7 | 데이터를 **중요시 여겨라** … 143

데이터도 섬김이다
한방의 헌신보다 사소한 것을 면밀하게!

chapter 8 | 설교를 사역의 중심에서 **내려놓지 말라** … 157

언제든 준비된 한 편의 설교를 가져라
설교를 위해 무엇이 필요한가

chapter 9 | 당당하고 조리 있게 **말하는 법을 연습하라** … 179

당당함은 어디서 오는가?
스킬을 위한 약간의 노력
논리성도 연습해야 한다

chapter 10 | 심방을 하려면
가운데 눈을 개발하라 ··· 195

능력 있는 사람보다 믿을 수 있는 사람
가운데에도 눈이 필요하다

chapter 11 | 나만의 창조적
영역을 만들어라 ··· 209

그 사람이었기에 할 수 있는 것
위기에 떨어져 죽지 말라

시작하는 글 | 부르시면 언제든 달려 나갈
출발선 위에서… ··· 225

서문 | 밑 빠진 항아리와 두꺼비 스피릿

너무 뽑을 사람이 많아서 고민?

아주 오래 전에 내 마음을 흔들어 놓은 사진이 있었다. 아마 본 사람들이 많을 것이다. 태어난 지 얼마 안 되는 갓난아이가 물속에서 수영하는 모습이 아주 아름답게 담긴 사진이었다. 수중 카메라로 물 밑 45도 각도에서 아이를 위쪽으로 바라보며 찍은 사진이었다. 아기는 파란 눈을 똑바로 뜨고 입가에 약간의 미소까지 느껴지는 평안한 얼굴로 수영하고 있었다. 이 예쁜 아기의 모습은 마치 전혀 다른 세계를 보는 것같은 신비감을 안겨주었다.

그 모습이 내 가슴 속에 오래도록 남은 이유는 그 사진 속에서 하나님이 원래 우리에게 주셨지만 우리가 전혀 모르는 신비한 능력이 우리에게 있음을 일깨워주는 전율을 느꼈기 때문이다.

그러나 대부분의 아이들은 태어나 하루 이틀 시간이 지나면 자신의 목욕물 이외에는 물에 들어갈 기회를 잃고 자신에겐 그런 능력이 있었는지도 모른 채 성장해 버린다. 누군가에게 따로 수영을 배워서 다시 수영을 하기 전까지는 전혀 수영을 할 줄 모른다고 확신하면서 말이다. 어쩌면 우리는 태어나면서 가지고 있던 이런 무한한 능력을 그냥 묻어버리고 사는지 모른다.

나는 오늘날 교회도 마찬가지라는 생각이 든다. 지금 이 시대는 자원 고갈의 시대다. 누구나 알고 있는 것처럼 세상만 그런 것이 아니라 교회도 마찬가지이다. 유능한 사역자를 찾는 것이 교회마다 아주 골치 아픈 과제다. 홍수에 마실 물이 없다는 말이 실감날 만큼 담임목회자에게는 잘 훈련된 사역자를 만나는 일이 정말 힘든 시대다. 교역자를 모시기 위해 구인 광고를 해본 교회라면 잘 알 것이다. 조금 규모가 있는 교회에서 공고를 내면 고작 한두 명 뽑는 자리에 수백 명의 남성 사역자들이 이력서를 제출한다.

하지만 그럴 때에 담임목회자가 '뽑을 사람이 너무 많아서 고민이야!'라고 하는 소리를 들어본 적이 있는가? 대부분의 경우는 그렇지 않다. 남녀를 떠나서 경험 있고 훈련받은 성숙한 사역자를 찾는 일은 정말 어렵다.

생각을 바꾸어보면, 여성 사역자는 이러한 시대의 숨겨진 보석이다. 오늘날 교회 안에서 여성 사역자의 역할은 주로 어떤 것인가? 아니 구체적으로, '여전도사'의 역할이 무엇인가를 질문한다면 뭐라 대답할까. 일반적으로 주일학교 그것도 아주 어린 아이들 즉 유아, 유치부 전도사가 아니라면 심방전도사로 국한된다. 물론 여성이 가진 모성과 그 경험의 장점을 살린 거라고 할 수도 있지만 너무 그것에 제한되어 있다는 것, 다시 말해 다른 일을 할 기회가 주어지지 않는다는 것이 문제다. 이는 너무 좁은 범위에 제한함으로써 결과적으로 어마어마한 인력을 손실한다. 음악 천재 모차르트가 단 한 번도 피아노 앞에 앉아보지 못하고, 자신이 세상을 놀라게 할 만큼 아름다운 음악을 창조할 수 있는 재능이 있다는 것도 모른 채 일평생 그저 기계 고치는 일만 하면서 늙어간다면 얼마나 안타까운 일이겠는가.

어린 시절, 아마 초등학교를 막 들어갈 무렵이었던 것 같다. 나는 콩쥐 팥쥐 이야기를 아주 감동적으로 읽었다. 특별히 인상적으로 각인된 장면이 있는데, 밑동이 깨진 항아리에 팥쥐 엄마가 콩쥐에게 물을 길어 담아 놓으라고 명령하고는 팥쥐랑 외출한 장면이다.

콩쥐는 아무 것도 모르고 열심히 물을 길어 날랐지만 물은 모두 밑으로 새버리고, 아무리 애를 써도 항아리에 물이 차오르지 않았다. 지금 생각해보면 콩쥐가 아주 나이가 어렸거나 아니면 상당히 머리가 나빴던 것 같다. 한번 물을 넣어 밑으로 새는 것을 보면 '이건 안 되는 일이지!' 하고 포기할 법도 한데 말이다. 어쨌든 콩쥐는 계속 물을 긷다가 지쳐 항아리 옆에서 엉엉 울고 있었다.

그때 두꺼비 한 마리가 다가와서 콩쥐에게 말한다. "콩쥐야 울지 마, 내가 항아리 안에 들어가서 깨진 곳을 막아줄게. 그러면 물을 가득 채울 수 있을 거야." 그리고 두꺼비는 항아리 안으로 들어가서 깨진 구멍을 자신의 몸으로 막아주었다. 그래서 콩쥐는 항아리에 물을 다 채울 수 있었고, 덕분에 새엄마에게 혼나지 않았다.

이 부분을 읽으며 나는 그야말로 성령충만을 경험했다. 그리고 어린 시절 줄곧 하나님께 "하나님! 저, 하나님 앞에 두꺼비 같은 존재가 될게요. 누군가 나를 필요로 하는 곳이라면 어디든 가서 그 필요를 채우는 존재가 되겠습니다." 하고 울며 기도했다. 정말 매일 매일 그렇게 기도했다. 그것도 두꺼비와 항아리를 머리에 상상하면서 말이다.

우습겠지만 난 지금도 그 기도를 멈추지 않고 있다. 어린 시절 나에게는 콩쥐가 예수님이고 항아리는 교회였다. 그 마음이 내 헌신과 사역에 대한 일관된 태도였던 것 같다. 나의 이런 일명 '두꺼비 스피릿'은 나름 감동적이기는 하다. 하지만 반드시 성경적이라고 볼 수는 없다. 이 두꺼비 스피릿에는 약간의 약점이 있다. 이러한 접근이 오늘날 여성 사역자의 역할이 제한적으로 정착하는 데 영향을 끼쳤기 때문이다.

교집합의 자리는 없을까?

얼마 전 20년 지기 목사님들과의 만남이 있었다. 내 인생에 큰 기쁨과 아름다운 추억을 남게 해주신 분들이었다. 그분들과 모처럼 유쾌한 대화를 하다가 다음에 쓸 책은 뭐냐는 질문을 받았다. 그래서 "한국 교회에서 여전도사로 살아남기요."라고 대답했다. 선배 목사님께서는 허허 웃으시더니, 그거 정말 좋겠다고 하시며 "그 동안 남성 사역자들이 할 수 없는 일들을 여전도사님들이 많이 메워주셨지."라고 하시는 것이었다. 그 목사님의 말끝에는 감사가 배어났다. 여전도사님들이 이름도 빛도 없이 하신 수고로운 사역들에 대한 고개 숙임 같은 느낌이 들었다.

그 순간, 나는 '아, 바로 이거다!'라는 생각이 들었다. 그분이 말한 의도와는 조금 다른 접근이었지만, 그 말이야말로 '여전도사의 정체성'을 가장 잘 대변한다는 생각이 들었다. "남자 사역자들이 할 수 없는 일들을 메워주는 것" 그것이 교회에서 여전도사에게 맡기는 일이었다. 바로 두꺼비 스피릿의 약점이었다.

이건 무슨 의미일까? 수학용어로 말하면 '교집합'은 없다는 의미이다. 남자 사역자들이 다 하고 남는 여분의 일, 혹은 하지 못하는 일, 여성만의 특질을 발휘할 수 있는 일들이 사역의 중심이 된다는 말이다. 어떤 면에서는 효율적으로 보일 수도 있지만, 지금 시대에 이것은 매우 비효율적인 일이 되었다. 다만, 변화를 싫어하고 안정을 추구하는 교회의 특성이 그저 이제까지 그렇게 해왔으니까 앞으로도 그냥 그렇게 가자는, '재고하지 않는 편안함'을 선택한 것이라고 생각한다. 고민하지 않아도 되는 데서 오는 효율성이랄까.

내가 교회 사역을 위해 이력서를 넣고 들은 여러 가지 후문 가운데 베스트를 뽑으라면, 바로 이 말이다.
"같은 값 주고 왜 여자를 뽑아?"
그 말을 듣는 순간 '픕!' 하고 웃음이 터져 나왔다. 그리고 속으로 이렇게 말했다.
"같은 값 주고 두 배로 일할 사람을 놓쳤군."
목회가 삽으로 땅을 파는 일이거나, 도끼로 장작을 패는 일이라면, 같은 값으로 여자를 뽑는 건 분명 손해일 것이다. 하지만 현대 목회가 뭐 그렇게까지 장작 패듯 힘으로 승부를 거는 노동력 중심의 일은 아니라고 본다. 물론, 그들이 한계라고 생각하는 것들을 모르는 것은 아니지만 말이다. 또 여성 목사가 이력서를 넣으면 그저 불문율처럼 하는 말이, '전도사였으면 좀 나았을 텐데.' 이다. 말하자면, 아깝지 않을 만큼 조금 낮은 값, 남자들이 안하는 역할만을 해줄 사람, 조용히 보조해줄 사람이라면 자리가 있다는 의미다.

모두들 입장이 곤란하니 표면적으로 이것이 어떤 환경-차별적-인지 말하는 사람은 없다. 하지만 서로가 좀 더 정직해질 필요가 있다고 본다. 그래야 발전이 있을 테니 말이다. 벌거벗은 임금님을 벌거벗었다고 했다간 큰일 나는 것처럼 우리는 평등한 척, 서로 모르는 척하면서 너무 오래 견뎌왔다. 그래서 이젠 정말 벌거벗은 게 아니라는 확신까지 들 지경이 된 것 같다.

세상의 반은 남자고 반은 여자다. 이제까지 그 반인 남자들이 교회의 주된 사역자로서 주도적으로 뛰어서 여기까지 왔다면, 이제는 그 나머지 반도 효과적인 사역자로 뛰어야 한다. 어느 한 편의 우월을 주장하는 것이 아니라 공존의 자리가 필요하다는 것이다. 최소한 교집합 선 안에서, 헌신된 사역자가 원하는 일을 할 수 있도록 가능성은 열어 주어야 미래 목회가 힘을 덜 수 있다고 본다. 조금만 더 눈을 떠 새로운 가능성을 모색한다면 어쩌면 우리는 물이 고갈된 가뭄에 물 만나는 기쁨을 여성 사역자들을 통해 누릴 수 있을 것이다. 이는 여성만의 일이 아니라, 자의든 타의든 사역의 가능성이 제한되어 용기를 잃은 남녀 사역자들 모두의 이야기다. 그리하여 이런 환경에 길들어 축소되어버린 능력을 다시 일으키고 새로운 사역의 장으로 도전하는 일이 생기기를 소망한다.

능력봉에서 내려와 행동하라

현실이 이렇다고 해서 불평만 하고 있을 수는 없다. 성경에는 그 어디에도 내게 주어진 환경을 불평만 하고 있으라고 말하지 않는다. 불합리한 환경을 바꾸기 위해 노력해서 되지 않는다면, 그 때는 남을 바꾸려고 하기보다 나를 먼저 바꾸려고 하는 것이 성경적인 행동지침이라고 생각한다.

> 보라 네 눈 속에 들보가 있는데 어찌하여 형제에게 말하기를 나로 네 눈 속에 있는 티를 빼게 하라 하겠느냐(마 7:4).

물론 이 말씀은 비판하지 말라는 것이 핵심이지만, 성경은 언제나 남보다는 나를 돌아보고 내가 먼저 바뀔 것을 권면한다. 우리가 처한 자리는 이상적으로는 평등이 존재하지만, 현실적으로는 불평등이 존재한다. 그것이 우리가 처한 실존적 삶의 자리다. 많은 교회와 목회자들이 이를 위해 노력하고 있지만, 그 속도가 너무 느리고 영향력이 미미하기 때문에 결국 이 시대를 사는 여성 사역자가 사역해야하는 10여 년, 혹은 길어야 20여 년의 사역기간은 이미 그 사이에 다 지나가버리고 말 것이다.

어느 때까지 기다리고만 있을 것인가! '시대'를 바꿀 수 없다면, '나'를 바꾸는 것이 가장 빠르고 효과적인 길이다. '전체'를 바꿀 수 없다면, 내가 할 수 있는 '부분'이라도 바꾸어 내 사역의 장을 열어가야 한다. 남성 사역자들을 경쟁자로 생각하라는 의미가 아니라 온전한 동역자로 그들과 함께 하나님의 나라를 건설해 가기 위해 '한 인간'인 나 자신이 가지고 있는 잠재력을 '전략적'으로 깨워 일으키자. 누구나 사역자는 온전하게 그리고 할 수 있는 만큼 충성스럽게 제대로 사역하기를 소원한다. 그러한 관점에서 보면 이것은 다름 아닌 나 자신과의 싸움이다.

열정을 가진 여성 사역자들이여!

너무나 비본질적인 수많은 크고 작은 일들로 좌절과 허탈감에 눈물을 흘려본 적은 없는가. "정말 이렇게 사역을 해야 하나." 하는 마음을 가져본 적은 없는가. 만약 한번이라도 가져본 적이 있다면 다시 도전해보자. 모두가 안됐다고 해서 나도 안 되라는 법은 없다.

그러나 기회가 주어진다고 해서 모든 사람이 그 기회를 잡는 것은 아니다. 기회를 잡기위해 필수적인 3가지가 필요하다.

그 첫째는 준비되어야 한다. 결국 할 수 있는 능력을 가져야 기회가 주어질 때 감당할 수 있다. 둘째는 이것이 기회인지 아닌지를 알아볼 안목이 있어야 한다. 기회가 오면 뭐하겠는가, 그것이 기회인지 아닌지도 모르는데 말이다.

예전에 불광동에 있는 한 교회에서 사역을 할 때 사람들은 가까운 삼각산에 기도하러 많이 가곤 했었다. 그곳에 가면 일명 '능력봉'이라는 봉우리가 있는데 그 봉우리에 가서 기도하면 능력을 받는다고 했었다. 그 곳에 가면 기도하시는 수많은 목사님들이 있는데 누군가 이런 이야기를 웃으면서 전해주었다.

"내가 어제 산에 올라가서 기도하다가 정말 기도 많이 하시고 신령한 목사님을 만났어. 그 목사님은 개척하시기 전에 기도하고 영력 받아서 시작하신다고 기도하는 중이래."

"그래? 대단한데! 그래 얼마나 기도하셨대?"

"30년."

"……."

개인적으로 아주 특별한 히스토리가 있지 않는 한 이 이야기의 주인공은 분명 문제가 좀 있다. 어쩌면 준비하는 일은 그저 성실하게 노력한다면 잘할 수 있을지 모르겠다. 하지만 내게 주어진 기회가 정말 기회인지 아닌지를 분별하는 일은 생각보다 쉽지 않을 수도 있다. 잊지 말아야 할 것은 이것이 기회인지 욕심인지를 구별하고, 또 이것이 기회가 아닌지 용기가 없어 타협하는 것인지를 냉철

하게 판단할 수 있어야 한다.

　마지막으로, 모험을 무릅쓰고 그 기회를 잡을 줄 아는 용기를 가져야만 한다. 아마도 여기에는 여러 가지 요소들이 복합적으로 작용할 거라 생각한다. 준비도 되어야 하고, 기회라는 확신도 들어야 할 것이다. 하지만 기회가 늘 100% 완전하게 오지는 않는다. 따라서 믿음으로 도전할 수 있는 용기가 필요하다. 아무 것도 준비되지 않은 자의 용기는 만용이며, 기회가 아닌 것에 도전하는 용기는 어리석음이다.

　내가 가진 믿음은 이것이다. 하나님은 우리 한 사람 한 사람을 지명하여 부르셨고, 우리를 사역자로 부르실 때 그저 보조만 하라고 부르신 것은 아니라는 것이다. 물론 이 책은 여성 사역자의 잠재된 능력을 활성화하는 방법을 나누고자 썼지만, 모든 부교역자에게도 유용한 정보가 되길 바란다. 남성 사역자의 빈틈이 여성 사역자의 강점이 될 수 있다면, 반대로 누구나 자신의 빈틈을 발견하고 보완한다면 그것이 사역자로서 강점을 갖게 되고 한 단계 업그레이드되는 기회이기 때문이다.

　나는 일평생 두꺼비 스피릿을 버리지 않을 것이다. 그것이 내 하나님을 사랑하는 종으로서의 내 중심이기 때문이다. 그러나 어린 시절처럼 그것이 내 사역을 대변하는 모든 스피릿은 아니다. 부족함을 채우는 것은 너무 귀한 일이다. 그러나 그것만이 나의 사역이라고 규정짓는다면, 때로 그 부족함이 없을 때 내가 할 일은 무엇이란 말인가.

 과거라면 "하나님, 저는 요정도가 딱이에요."라고 말했겠지만, 지금은 그렇게 말하고 싶지 않다. 하나님께서 나를 온전한 한 사역자로 부르셨다면 하나님께서 원하실 때 깨진 항아리 한 귀퉁이만 메우는 것만이 아니라 새 항아리를 만들어 낼 수도 있을 테니 말이다. 나의 두꺼비 스피릿은 이제 귀퉁이만을 채우는 것이 아니라 하나님께서 원하시는 바로 '그것'을 하는 것으로 바뀌었다.

> '남겨진 여성 사역자의 가능성은
> 곧 미래 목회의 가능성이기도 하다.'

> 한국 교회에서
> 여 전 도 사 로
> 살 아 남 기

아니, 못해. 이건 내 일이 아냐!
네가 낫기를 원하느냐?
획기적 제안, 그 획기적 결과

chapter

1

왜곡된 순종, 길들여진
본성에서 깨어나라

1 2 3 4 5 6 7 8 9 10 11

어느 시골에 시어머니를 모시고 사는 며느리가 있었다. 이 시어머니는 마음결이 고운 분이어서 그다지 시집살이를 시키지 않고 살았다. 그런데 회갑을 지내고 나서부터는 싫은 소리가 부쩍 많아졌다. 주로 며느리가 늙은이를 소홀히 여긴다는 거였다. 언제부터인가 며느리가 자신에게 먹을 것을 적게 준다고 했다. 며느리가 변했다며 계속 불평하고 아들에게 하소연했다. 아무리 그렇지 않다고 설득해도 소용이 없었다. 밥도 고구마도 사과도 자신에게 전처럼 제일 큰 것을 주지 않는다며 억지를 부렸다.

하루는 초등학교에 다니는 손자가 학교에서 돋보기로 관찰실험을 하고 집으로 돌아오는 길에 문득 좋은 생각이 떠올랐다. 할머니께 돋보기안경을 사드리면 좋겠다는 거였다. 손자는 돼지 저금통을 털어 할머니 손을 잡고 안경점으로 가 돋보기를 씌워드렸다. 안경을 쓰고 보니 지금까지 며느리가 준 생선토막이며 사과며 고구마가 훨씬 크게 보였다. 할머니의 불평은 그 때부터 사라졌고 예전처럼 화목한 집안이 되었다고 한다.

눈이 잘못되면 어떤 것도 올바로 볼 수가 없다. 눈부터 고쳐야 한다. 잘못된 눈으로 보아서는 사물을 온전히 판단할 수도, 문제를 해결할 수도 없다. 사람들은 상대방이 뭔가 전통적인 것과 다른 것을 주장하면 다소 전투적이고 부정적인 이미지를 먼저 떠올리고는 미리부터 방어막을 치곤 한다. 나는 그런 투쟁적 의식을 고취하거나 부정적으로 비판할 생각이 전혀 없다. 남녀를 갈라 유치한 싸움을 붙이려는 생각도 없다. 그리고 나는 페미니스트도 아니다.

다만 여기서 말하고 싶은 것은, 여성으로 규정지어진 모든 것이 불평등하고 부정적이라는 말이 아니라, 사물이 왜곡되어 보이는 시각을 먼저 교정해야 한다는 의미이다. 나에게 습관이 되어버린 왜곡된 시각이 있지는 않은가. 있다면 그것부터 교정해보자.

아니 못해, 이건 내 일이 아냐!

'순종'은 내 삶을 주도하는 가장 크고도 절대적인 물줄기였다.

하나님에 대한 순종, 남편에 대한 순종, 교회 지도자에 대한 순종은 내게 목숨만큼 소중한 사명이었다. 이것은 어쩌면 내게 십계명과 같은 절대 법이었다. 하지만 그 절대적 권위가 주도하던 순종의 삶, 그 막다른 골목에서 난 스스로 하나님의 뜻에 위배되는 자리에 서있음을 깨달았다. 순종과 유사한 개념을 가진 것들에 어떻게 불순물이 있을 수 있겠냐 싶었지만, 있었다.

순종이야말로 신앙인이 가장 안심할 수 있는 실천이라고 방심할 때, 순종인 것처럼 위장하고 찾아오는 왜곡된 자화상이 나를 하나님의 건강한 뜻이 아닌 다른 곳으로 유도하고 있었다. 이처럼 '나는 절대 내 주장은 하지 않을 거야. 독립적인 것은 잘못된 거야. 난 따라가기만 할 거야.'라는 생각이 때로는 순종이라는 이름으로 포장된 왜곡된 자화상일 수 있다. 마치 진짜인양 순종의 모양으로 위조된 가짜 그것을 '길들여진 본성'이라고 말하고 싶다. 순종의 모양을 하고 있지만 실은 진짜가 아닌 유사품 말이다.

서커스에 자주 등장하는 동물 가운데 코끼리가 있다. 희한하게도 서커스에 나오는 코끼리는 아주 작은 말뚝에 밧줄을 걸어놓았는데도 절대 도망가지 않는다. 이미 다 아는 이야기이겠지만 포인트를 조금 달리 보기 위해 이 코끼리 이야기를 다시 해보겠다.

코끼리 주인은 갓 태어난 어린 코끼리를 큰 기둥에 묶어 놓는다.

천성적으로 돌아다니기를 좋아하는 새끼 코끼리는 이리저리 달아나려고 하지만 큰 기둥에 묶여 도망할 수 없음을 알게 된다. 아무리 애써도 도망할 수 없다는 것을 알게 되면 주인은 조금 더 작은 기둥에 묶고, 시간이 더 지나면 조금 더 작은 기둥에, 급기야는 가느다란 말뚝에 묶어 놓아도 도망갈 생각을 하지 않는다고 한다. 결국, 한 번 이런 기둥 모양에서 벗어날 수 없다고 결론을 내리고 나면 그 다음부터는 다시 어떤 시도도 하지 않는다는 것이다.

이런 종류의 예는 너무나 많다. 코끼리만이 아니라, 벼룩을 실험한 사례도 있다. 원래 벼룩은 자기 몸의 400배가 넘는 높이를 뛰어오를 수 있다고 한다. 그러나 그 벼룩을 유리병에 넣고 뚜껑을 닫아 놓으면 처음에는 계속 뛰다가 부딪히고 또 부딪히지만, 얼마 지나지 않아 벼룩은 뚜껑에 닿지 않을 만큼만 뛴다고 한다. 그리고 조금 시간이 흘러 그 뚜껑을 없애버려도 벼룩은 그 유리병 높이 이상은 뛰지 않는다고 한다.

나는 여성 사역자의 역할에도 이러한 길든 본성과 같은 영역이 있다고 생각한다. 한국 교회의 90%가 넘는 여성 사역자들이 아마 대부분 전도사일 것이다. 따라서 이제부터는 여성 사역자라는 명칭보다 좀 더 구체적으로 여전도사라는 명칭을 사용하겠다. 한국 교회 안에는 헤아릴 수 없을 만큼 많은 여전도사들이 있다. 하지만 그들의 역할, 그들의 역량은 어떠한가?

여전도사들에 대한 담임목회자의 기대, 성도들의 기대, 교회에서 제시하는 사역의 한계들을 바라보면 때론 병 속의 벼룩과 같다는 생각이 든다. 어쩌면 딱 규정지어진 직함과 역할 속에서 코끼리처럼 몸부림 한 번 쳐보지도, 벼룩처럼 머리 한 번 부딪혀보지도 않고 머물러 왔는지도 모른다. 코끼리처럼 이미 결정해버렸다. 습관이 되어 익숙해졌다는 표현보다 나는 '결정해버렸다'는 표현을 쓰고 싶다. '어떤 것도 더 하려고 하지 않겠어.'라고 말이다. '이것만이 내 일이야'라고 결론을 내리고 그 이외의 것은 어떤 것도 보려고 하지 않는다. 마치 경주마에 씌워진 안대처럼 말이다. 기회가 있어도, 능력이 있어도 상관없다. 왜냐하면 그건 나랑 상관없는 일이니까. 땅에 동그라미를 그려놓고 그 안에 들어가 밖으로 나오면 안 되는 것처럼 나의 생각과 눈이 너무나 국한되어버린 것은 아닌지 돌아볼 필요가 있다.

아주 오래 전에, 버스를 탈 때 토큰을 사용한 적이 있었다. 토큰은 동전처럼 생겼지만 버스 요금 지불 외에 다른 용도로는 사용할 수 없다. 진짜 동전의 기능을 하려면 앞면도, 뒷면도, 그리고 재질도 무게도 다 같아야 한다. 그래야 모든 곳에 사용할 수 있는 진짜 동전으로 인정받을 수 있다. 길들여진 본성은 이 토큰과 같다. 그 좋은 '순종'과 모양새가 유사하다. 남도 나 자신도 구분하지 못하는 경우가 있다. 아니 구분할 생각도 하지 않는다.

위조지폐를 구별해내는 방법은 진짜지폐에 대한 철저하고 정확한 지식뿐이라고 한다. 나는 순종을 길들여진 본성과 구별하기 위해서는 진짜에 대한 바른 이해가 필요하다고 생각한다. 만약 온전한 순종을 하나의 동전으로 묘사한다면, 나는 그 순종의 뒷면을 서슴없이 날카로운 지혜라고 말하고 싶다. 내가 순종해야하는 대상, 내가 순종해야하는 내용, 내가 순종해야하는 시점을 분별하기 위한 지혜가 필요하다. 그리고 그 순종의 동전을 만드는 강한 금속을 충성과 용기라고 하고 싶다. 순종은 깨달음이 목적이 아니라 실천하게 되는 것이 목적이기 때문이다. 그러므로 이것을 구현하기 위해서는 내가 섬기는 대상에 대한 충성과 그를 실행할 용기가 필요하다. 여전도사들에게, 때로는 위장된 모습으로 다가오는 왜곡된 자아상과 길들여진 본성은 무엇일까. 익숙해져버린 굴절된 렌즈가 있다면 가장 먼저 그것부터 벗어버려야 하지 않을까?

네가 낫기를 원하느냐?

난 모태신앙으로 자라 성결교단에서 세례를 받고, 대학을 간 이후 장로교단에서 처음으로 인격적인 하나님을 만났다. 성령을 체험한 후 신학은 오순절 교단에서 하였고 사역은 장로교단에서 그리고 목사 안수는 초교파 독립교단에서 받았다. 어떤 이들은 '넌 도대체 정체가 뭐냐?'라고 나의 정체성을 문제 삼을지도 모르겠다. 하지만 난 이러한 내 신앙경험에 대해 매우 감사한다. 난 하나님의 자녀고 복음주의자다. 그것이 내 정체다.

물론 처음에는 잘 모르고 갔었지만 각 교단의 가장 대표적인 교회에서 신앙생활을 오래 할 수 있었던 경험은 그만큼 여러 교단의 장점과 단점을 잘 알아 보완할 수 있다고 생각하기에 감사한다. 물론 이러한 이력은 전공인 교회 컨설팅에도 많은 도움을 주었다.

어쨌든 어린 시절부터 지금까지 여러 교단을 10년 가까이씩 혹은 그 이상 섭렵했지만 그것이 강북이든 강남이든 어느 교단이든 상관없이 '여전도사' 하면 딱 떠오르는 정해진 이미지, 정해진 역할, 정해진 외모, 정해진 룰은 비슷했다. 유아 프로그램 뽀뽀뽀의 뽀미 언니가 연상되는 모습을 하면 금상첨화인 유치, 유년부 전도사가 되든가, 체크무늬에 짧은 손잡이가 달린 성경가방을 들고 매일 심방을 다니는 짧은 파마머리 여전도사가 되든가 둘 중 하나였다. 그때가 벌써 30여 년이 넘었음에도 불구하고 지금과 별로 변한 것이 없으니 참 놀라운 일이다. 그래도 요즘 새롭게 자리를 잡아가고 있는 영역이 그나마 새가족부 담당이다. 그 이전까지는 주일학교 아니면 심방 딱 두 가지였다. 그 이외는 없었다.

물론 요즘은 그래도 진취적이고 다양한 모습을 가진 교회가 있기는 하지만, 그것 또한 여전도사의 역할에서 변화를 찾자면 미미한 정도다. 그렇다면 이러한 단순한 역할 구도가 반복되는 이유는 무엇일까? 과연 그 사역의 영역과 역할을 넓혀갈 수는 있을까?

어쩌면 아무도 정해진 틀에 갇혀서 다른 것을 시도하지 않았거나, 시도했다 하더라도 곧 좌절했기 때문일지도 모르겠다. 좀 더 나 자신을 바라보는 입장에서 반성한다면, 다른 일을 할 만큼의 능력이 있어 보이지 않아서일 수도 있다. 물론 능력이 있다고 써주는 것은 아니다. 틀이 만들어져 있지 않아 들어갈 구석이 없으니 말이다. 그러나 역으로 생각해보면, 틀이 있어도 과연 그 자리에 맞을 정도로 능력 있는 여전도사가 있었는가를 의문할 수도 있다.

여전도사에게 발생할 수 있는 양면의 문제가 있다. 능력이 있어도 능력을 최대한 발휘할 자리가 없고, 자리가 있어도 그것을 채울 능력이 부족한 것, 이 두 가지 모두가 현실적인 문제다. 물론 굳이 따지자면 환경적 요인을 탓할 수도 있다. 하지만 앞서 말한 것처럼 외부적인 것을 바꿀 수 없다면 나를 바꾸는 것이 더 빠르기에 변화를 향해 도전하길 권한다.

베데스다 연못가에 앉은 38년 된 병자의 이야기를 통해, 우리는 앉은 자리에서 불평만 하는 것의 문제점을 볼 수 있다. 예수님은 너의 환경이 어떠하냐고 묻지 않았다. 그리고 그 오랜 병자의 환경을 모르지도 않았다. 그럼에도 불구하고 예수님의 질문은 "네가 낫기를 원하느냐"라고 했지 "너를 못에 넣어줄 사람을 붙여주겠다"라고 하지 않았다.

> 병자가 대답하되 주여 물이 동할 때에 나를 못에 넣어 줄 사람이 없어 내가 가는 동안에 다른 사람이 먼저 내려가나이다(요 5:7).

38년 된 병자의 불평스런 고백은 거짓말이 아니라 사실이긴 했지만 예수께서 듣기 원했던 대답은 아니었다. 어쩌면 우리에게 원하시는 대답 또한 '변화를 원하는 마음이 있는지'에 대한 것이 먼저일지도 모른다. 변화의 원동력은 다른 사람이 아니라 나 자신으로부터 시작되어야 하기 때문이다. 그러므로 간절한 소망, 다시 말해 변화를 원하는 간절한 소망은 내가 변하기 위한 가장 첫 번째 조건이다.

획기적 제안, 그 획기적 결과

성경에 보면 유업을 받지 못한 슬로브핫의 딸들이 나온다.

요셉의 아들 므낫세 가족에 므낫세의 현손 마길의 증손 길르앗의 손자 헤벨의 아들 슬로브핫의 딸들이 나아왔으니 그 딸들의 이름은 말라와 노아와 호글라와 밀가와 디르사라 그들이 회막 문에서 모세와 제사장 엘르아살과 족장들과 온 회중 앞에 서서 가로되 우리 아버지가 광야에서 죽었으나 여호와를 거스려 모인 고라의 무리에 들지 아니하고 자기 죄에 죽었고 아들이 없나이다 어찌하여 아들이 없다고 우리 아버지의 이름이 그 가족 중에서 삭제되리이까 우리 아버지의 형제 중에서 우리에게 기업을 주소서 하매(민 27:1-4).

2세기에 가장 유명했던 랍비 아키바는 여기에 나오는 슬로브핫을 민수기 15장에 나오는 무명의 나무꾼이라고 보았다고 한다.

이스라엘 자손이 광야에 거할 때에 안식일에 어떤 사람이 나무하는 것을 발견한지라 그 나무하는 자를 발견한 자들이 그를 모세와 아론과 온 회중의 앞으로 끌어 왔으나 어떻게 처치할는지 지시하심을 받지 못한 고로 가두었더니 여호와께서 모세에게 이르시되 그 사람을 반드시 죽일지니 온 회중이 진 밖에서 돌로 그를 칠지니라(민 15:32-35).

아마도 아키바는 민수기 16장에 나오는 고라의 반역 사건 이전에 광야에서 죄로 죽은 사람은 15장에 나오는 나무꾼밖에 없었기 때문에 그가 바로 딸들이 말한 '자기 죄로 죽었고'라고 표현한 슬로브핫이라고 추정한 것 같다.

만약에 그렇다면 더더욱 슬로브핫의 딸들이 기업을 달라고 한 주장은 매우 당돌한 요구일 수밖에 없다. 무슨 훌륭한 일을 한 사람의 후손도 아니고 당시의 문화적 배경으로 봤을 때 지금 여성의 위치와도 비교할 수 없는 상황이었지만 그들은 당당하게 자신들의 몫을 요구하였고 하나님은 그 요구를 들어주셨다.

슬로브핫이 그 나무꾼이건 아니건 상관없이 당시의 여성들은 출가 전에는 아버지의 소유물이었고 출가 후에는 남편의 소유물이었다. 말하자면 재산의 일부처럼 여겨지던 남성위주의 법질서가 확고한 시대였다. 그럼에도 불구하고 그들 조상 지파에 전해지는 영토분할의 원칙에 입각하여 슬로브핫의 딸들은 남녀를 불문하고 자신들에게도 기업을 달라고 요구한 것이다.

성경에 기록된 하나님을 향한 요청에는 늘 믿음이 전제되었다. 이 슬로브핫의 딸들도 그렇고, 또 예수님께 은혜를 구했던 가나안 여인의 요청도 그랬다. 이는 단순히 당돌함에서 시작하는 것이 아니라, 믿음에 의해서 시작되는 강력한 요청이었다.

슬로브핫의 딸들은 자신들도 하나님의 백성으로, 하나님이 언약을 준행하신 결과인 은혜-기업-를 받을 자격이 있다고 주장한 것이다. 상속이라는 의미는 단순히 물리적 땅만을 의미하는 것이 아니라 상속인과 피상속인과의 관계를 증명하는 것이고, 이것은 자신들이 이스라엘 민족의 일원이라는 사실을 확증하는 것이기도 했다. 하나님도 이에 대해 그들의 요구가 옳다고 인정해주셨다.

> 슬로브핫 딸들의 말이 옳으니 너는 반드시 그들의 아비의 형제 중에서 그들에게 기업을 주어 얻게 하되 그 아비의 기업으로 그들에게 돌릴지니라(민 27:7).

하나님은 슬로브핫의 딸들의 뜻이 하나님의 뜻에 일치함을 인정하셨다. 만약에 여느 여자들처럼 '그런 일은 있을 수도 없을 거야. 게다가 우리 아버지는 안식일을 범한 죄로 죽었는데, 말이나 들어주겠어?', '그냥 그렇게 얹혀서 살지 뭐. 이렇게 살다 가면 그만인데 나섰다가 무슨 봉변을 당할라고?' 라고 했다면 어떻게 되었을까? 그들은 성경에 나오지도 않았을 뿐더러 하나님의 약속의 결과인 기업을 얻는 놀라운 은혜도 체험하지 못했을 것이다. 그러나 믿음으로 담대하게 구한 결과, 슬로브핫의 딸들 이후로 토지 분배에 대한 새로운 원칙이 생기고, 더불어 다른 사람들도 혜택을 누릴 수 있도록 물고를 트는 역할을 했다.

주어진 것 말고는 아무 것도 하지 않으려는가? 내게 주어진 것만이 사명일까? 당신의 사명은 혹시 당신의 길든 눈에 의해 왜곡되고 축소되지는 않았을까? 왜 더 큰 꿈을 꿔보지 않는가? 왜 주어진 것, 안정된 것을 따르는 것만이 순종이라고 생각하는가? 만약에 그게 순종이라면 슬로브핫의 딸들은 전형적으로 불순종하고 나대는 여자의 표본이 되었을 것이다.

나는 전적 순종의 삶을 살기로 작정한 이래로, 순종만큼 진취적이고 도전적인 것이 없다는 것을 새삼 깨닫게 되었다. 순종은 나에게 상식적이기 보다는 오히려 비상식적인 일로 다가온 적이 더 많았다. 이삭을 바쳐야 했던 아브라함은 상식을 넘어야 순종할 수 있었다. 니느웨로 가야했던 요나는 민족에 대한 의리라는 국민정서를 넘어야 순종할 수 있었다. '오라'는 명령을 듣고 배 밖으로 뛰어나왔던 베드로는 자연의 법칙이라는 절대적 상식을 넘어야 했다.

누가 순종을 순리대로 얌전히 사는 것이라고 했는가. 순종만큼 도전적이고 모험적이며, 강한 믿음을 요구하는 것은 없을 것이다. 길든 본성을 순종이라 생각하며 안일하게 나 자신과 또한 후배들까지 길들인다면 그것은 아마 순종이 아니라 안일함일지도 모른다. 당신의 눈에 또 다른 영역이 보인다면 혹시 그 보이는 영역이 내가 일하기를 원하시는 하나님의 부르심은 아닌지 다시 점검하기 바란다.

서바이벌 체크 ☑

- 나는 항상 새로운 변화를 원한다. ☐
- 나는 사역자로서 자신을 매우 가치 있게 생각한다. ☐
- 미래의 내 모습에 대해 기대감을 갖고 있다. ☐
- 어떤 일이 주어질 때 습관적으로 '나는 못해' 라고 말하지 않는다. ☐
- 먼저 나서서 내가 이 일을 해보겠다고 제안한 적이 있다. ☐

대답하지 못한 것에 대해 그 이유를 적어보라. 그것에서부터 변화를 시작할 수 있다.

....

....

....

....

| 한국 교회에서 |
| 여 전 도 사 로 |
| 살 아 남 기 |

틈새를 발견하는 습관을 가져라
눈을 매일 새로 씻어라

chapter

새롭게 드러나는
틈새를 채워라

이미 우리는 블루오션, 혹은 틈새시장이라는 말을 많이 들어 알고 있다. 다른 사람들이 생각하지 못하는 것, 아직 알아채지 못한 것을 잡아 자신만의 특화된 능력으로 만들 수 있다면 그것이 나를 계발하는 첫 걸음이 될 수 있다.

아마 이 틈새를 가장 잘 이해하게 해 주는 것이 앞에서 말한 '두꺼비 스피릿' 일 것이다. 누가 해야 하는 일인지 정해져있지는 않지만 그 필요가 있다면 그것을 내가 채우겠다고 하는 마음가짐 말이다. 여기서 구별해야할 것은 새로운 영역에 대한 필요를 말하는 것이다.

물론, 매사에 정해진 영역을 벗어나서 나서라는 의미는 아니다. 그러나 어느 공동체이건 그것이 가정이든 교회이든 직장이든 늘 부족함이 있는 필요의 자리가 있다. 그러나 사람들은 그것을 내가 채우겠다는 생각은 별로 하지 않는다. 오히려 때로는 '늘 그래왔으니까 그건 그냥 두면 돼' 라고 방치할 수도 있고 '그런 일 해봐야 내가 빛도 발휘할 수 없는데 그냥 모르는 척하자' 할 수도 있다. 하지만 주님의 일이다. 우리가 하고 있는 일이 주님을 위한 일이라면 이러한 자세는 옳지 못하다. 그렇다면 내가 어떻게 그 필요를 채우고 틈새를 비집고 들어갈 수 있을까? 성경에 나와 있는 요셉을 보면 지극히 성실함으로 그 틈새를 스스로 만들어 나갔다.

> 시위대장이 요셉으로 그들에게 수종하게 하매 요셉이 그들을 섬겼더라 그들이 갇힌지 수일이라 옥에 갇힌 애굽 왕의 술 맡은 자와 떡 굽는 자 두 사람이 하룻밤에 꿈을 꾸니 각기 그 몽조가 다르더라 아침에 요셉이 들어가 보니 그들에게 근심 빛이 있는지라 요셉이 그 주인의 집에 자기와 함께 갇힌 바로의 관원장에게 묻되 당신들이 오늘 어찌하여 근심 빛이 있나이까 (창40:4-7).

요셉은 옥에 갇히고 시위대장은 요셉에게 두 관원을 시중들라고 지시한다. 여기서 요셉은 자신의 억울함에 마음이 얽매여 자신의 책무를 게을리 하거나 무관심하게 하지 않았다. 이미 그는 옥중 죄

수들의 제반 사무를 모두 맡을 정도로 신뢰를 얻을 만큼 성실했고 또 새로 맡은 이 관원들에 대해서도 매우 성실한 태도로 그들의 수종을 들었다. 그들에게 그저 밥이나 주고 말아도 될 것을 요셉은 그들의 낯빛까지 살피는 성실함으로 옥에서 나갈 수 있는 물고를 텄다.

이 본문을 읽으면서 나라면 어땠을까 생각해 본적이 있다. 그들의 낯빛이 어둡건 말건 아마도 난 별로 개의치 않았을 것이다. 옥에 갇힌 자의 낯빛이 좋을 리 있겠나. 그들을 친절히 돌아보기에는 내 상황이 더 나쁘고 억울하지 않은가 말이다. 이것이 나와 요셉의 차이다.

요셉이 가는 곳마다 형통할 수 있었던 것은 전적으로 하나님이 함께하시기 때문이었다. 그러나 그 함께하심을 담을 수 있는 믿음과 성실성이라는 그릇이 있었기에 요셉은 억울한 환경의 틈새를 다시 일어설 수 있는 발판으로 만들 수 있었다. 무료한 일상처럼 자신의 업무를 지루해했다면 과연 바로의 왕 앞에 요셉이 설 수 있었을까? 아마도 아닐 것이다. 지극한 성실성과 최선을 다하는 태도가 급기야 기회를 만들고 마침내는 그 기회를 잡을 수 있도록 만들었다.

당장 안 해도 상관없는 일들을 방치하기 시작할 때부터 매너리즘은 시작된다. 그 작은 일들이 쌓여 커다란 구멍을 만들고 급기야는 일을 그르치게 된다. 내가 맡은 일을 성실하게 하는 것, 그저 하던 대로 하는 성실함이 아니라 처음처럼 매 순간 사역에 임하는 것은 나로 하여금 틈새를 비집고 들어가 일어서게 하는 기회를 만들어 줄 것이다.

나는 미국에 오면서 1년짜리 보험을 들고 왔는데 1년이 지나서 보험을 갱신해야할 시기가 되었다. 미국에서 보험을 들자니 영어도 시원치 않은데 약관을 제대로 이해하지 못할 것이 걱정이 되어 다시 한국에 있는 보험회사 직원에게 전화를 걸었다. 근데 이 보험회사 직원은 마치 자다 막 일어난 사람처럼 목소리가 늘 맹한 게 전혀 의욕이 없게 느껴졌다. "혹시, 지금은 이 보험을 처리하지 않으시나요?"라고 묻자 그건 아니라고 하였다. 미적미적 몇 번을 통화하다가 이제는 더 미룰 수가 없다 싶어 메일로 보험에 들려고 한다고 연락했는데 이번엔 다른 사람에게서 연락이 왔다.

이전 직원의 후배인데 그 선배가 출장 중이어서 자신이 처리해 주겠다고 했다. 요즘처럼 금융사고가 많은 때에 사람도 바뀌고 자동이체로 돈을 지불해야한다는 말을 듣고 의심스러웠다. 그래서 조금은 의심스런 말투로 "그쪽이 정말 보험회사 직원인지를 제가 솔직히 믿기가 어렵습니다."라고 말하고는 내 보험증서 번호를 불러봐라, 내 아들 주민번호를 불러봐라 하며 확인했다. 불쾌할 법도

했을 텐데 개의치 않고 친절하게 여러 가지 방법으로 자신을 확인시켰다. 그리고는 메일로 약관과 처리 내용, 영수증만이 아니라 내가 미국에서 찾아갈 수 있는 가까운 병원의 리스트까지 보내주며 여간 성의를 다하는 게 아니었다. 어느새 내 믿음은 원래 계약 직원에게서 새로 연결된 사람에게로 옮겨졌다. 그의 말에서 우리 가족의 건강을 걱정하는 마음이 전달되었고 모든 일에 지극히 성실했다. 작은 것 하나가 결정될 때마다 핸드폰으로 국제전화문자를 날려주어 나를 안심시켰다. 결국 나만 보험에 든 것이 아니라 다른 사람에게도 이 사람을 소개시켜주어 보험에 들도록 권하였다.

만약에 내가 처음 직원과 계약을 했다면 다른 사람을 소개할 생각은 전혀 하지 않았을 것이다. 하지만 내가 의심의 눈길을 보냈음에도 불구하고 친절하게 내 입장을 이해해주고 성의를 다해 도와준 직원은 그 자신의 의무를 넘어선 친절 덕분에 새로운 보험계약을 거저 따내게 되었다. 결국 그는 틈새를 스스로 만들어내어 기회를 잡은 것이다. 처음 그 무료한 목소리의 직원은 지금도 기억난다. 그를 통해서는 아무 것도 하고 싶지 않았다. 그가 안한 일은 없지만 그를 믿을 수 없게 만든 건 그 자신이었다.

오랜 기간 사역을 하다보면 늘 정해진 일들에서 때론 귀찮은 일들, 하지 않아도 되는 일들이 쌓이고 매너리즘에 빠지게 된다. 틈새를 찾아내기는커녕 내게 주어진 일조차 듬성듬성 허점을 만들어 낸다. 성실성, 아니 더 정확히 표현한다면 처음처럼 성의 있는 성실한 태도는 나에게 기회를 부여할 틈새를 열어주는 좋은 통로다.

틈새를 발견하는 습관을 가져라

어떤 습관을 들이느냐에 따라 좋은 안목을 가질 수도 못가질 수도 있다. 내가 채울 수 있는 필요가 어디인가를 찾는 안목은 생각하는 습관에 따라 쉽게 얻을 수도 있다. 물론 그것을 꼭 내가 채우지 않아도 된다. 다만 보다 면밀한 사역을 하기 위해 우리는 구멍 난 곳을 찾는 습관이 필요하다.

예를 들어 어떤 행사를 열기로 결정했다고 하자. 행사 담당자가 정해질 것이고 행사 진행 계획을 세울 것이다. 그러한 내용을 갖고 회의할 때 우리는 보통 어떤가? 대부분의 교역자들은 자기 담당이 아닌 것은 소극적인 자세로 듣고만 있다. 내가 해야 할 일이 아닌 것은 어차피 담당자가 알아서 할 것이기 때문에 굳이 집중해서 듣고 고민하지 않는다. 다른 생각을 하는 것은 아니더라도, 거기서 뭔가 새로운 것을 찾으려는 의욕적인 자세로 듣지는 않는다. 어쩌면 그것이 예의라고 생각할 수도 있다. 마치 남의 밥에 숟가락을 꽂지 않는 것처럼 말이다. 직접 관여하지 않는 게 예의라고 여기고 서로 터치하지 않는다. 어찌 보면 참 아쉬운 일이다.

사람들은 일이 잘되어 성도들에게 보다 좋은 혜택이 가는 것보다 자신이 질타 받지 않고 칭찬받는 것을 더 좋아한다. 그래서 설령 도중에 잘못된 것이 있어도 그냥 덮고 넘어가고 무난하게 마치면 그것으로 만족한다. 그리고 끝없는 변명만 늘어놓는다. 칭찬받는 것은 물론 좋은 일이고 필요하다. 하지만 잘못된 것은 시정되어야 하고 조정되는 것이 좋다.

어쩌면 교역자들은 우리가 가진 공동의 목표가 무엇인지를 잊었는지도 모른다. 그리고 좋은 관계를 위해 난처한 실수를 그저 덮어주고 모르는 척하는 게 동료의 우정이라고 착각하는지도 모르겠다. 모든 것이 그저 무난하면 된다. 서로에 대한 믿음도 없고 서로의 삶에 대한 관심도 전혀 없으면서 그저 일만으로 만나서 그 일에 대해서 잘한다, 잘한다하며 담임목회자 앞에서 칭찬해주면 그게 동료애라고 생각한다. 과연 그게 맞을까?

나는 가끔 교역자의 사명을 생각하며 보모를 떠올린다. 많은 아이(성도)를 혼자 돌볼 수 없어서 보모(교역자)를 채용하면, 그 보모는 자기 자식처럼 아이를 돌보는 것이 주된 업무다. 그런데 때로는 보모가 너무 미숙해서 아이가 보모를 봐주는 경우도 허다하고 보모를 보호하기 위해서 아이를 상처주거나 버리는 경우도 있다. 때로는 보모끼리 경쟁이 붙거나 분쟁이 생겨서 아이를 사랑으로 잘 돌보는 보모라 할지라도 업무와 상관없이 밀려나기도 한다. 어떤 때에는 보모들과 친분이 좋으냐가 그 보모를 평가하는 기준이 되기도 한다. 화목한 보모들의 잔치에 끼지 못하면 보모로서 인정받지 못하기도 한다. 글쎄, 조금은 과장이라 할지 모르겠지만, 나는 교역자 간에 문제가 생길 때마다 혼자서 이런 생각을 해본다.

교역자에게 맡겨진 진정한 임무는 무엇인가? 교회에 왜 교역자가 존재하는가, 교역자에게 우선순위는 무엇인가를 곰곰이 생각하다보면, 다수의 대세와 현실에 동참하여 가만히 있는 것이 과연 옳은 일일까 고민하게 된다. 물론 위에서 말한 '보모'와 '돌보다'는 말은 꼭 심방을 뜻하는 것이 아니라 궁극적인 사역을 의미한다.

어쨌든 이러한 쉽지 않은 현실이라 하더라도 우리는 그 과정에서 좀 더 많은 상상을 함으로 틈새를 발견할 수 있다.

어떤 행사나 사역의 시작과 과정 그리고 결과를 상상해보자. 그 과정 중에 얼마나 많은 사람들의 도움이 필요한지, 그것을 어떻게 동원할지, 그 시기에는 어떤 일들이 겹쳐있는지, 그 결과는 어떠할지 등에 대해서 시뮬레이션 해보는 것이다. 내 일이 아니라는 생각으로 안일하게, 소극적으로 지나치지 말라. 모든 일들에 대해서 이런 습관을 갖게 되면 생각보다 많은 것들을 발견할 수 있다.

크리스마스 행사를 진행할 때 이런 일이 있었다. 행사 순서에 아이들의 발표가 있었다. 그런데 앞 순서가 계속 길어지면서 시간이 예상보다 늦어지고 말았다. 대기실에서 기다리던 아이들은 점점 지쳐가고 통제가 되질 않았다. 불쌍하게도 아이들은 분장을 하고 배가 고픈 상태에서 오랜 시간을 아무런 조치 없이 방치되었다. 보는 사람들은 어땠을지 모르지만, 발표를 준비한 아이들에게 크리스마스에 대한 괴로운 기억을 안겨주고 말았다.

만약 각 순서마다 리허설을 해서 시간을 조정하거나, 아이들의 순서를 앞으로 배치하는 등 조금만 더 신경을 썼더라면 그런 일은 없었을 것이다. 혹은 예기치 못한 이런 일들이 발생했을 때 누군가가 아이들을 위해 급하게라도 간식을 마련하고 무작정 기다리지 않게 했다면 훨씬 나은 크리스마스로 기억하게 했을 것이다. 그저 발표를 위한 행사의 도구가 되어버린 아이들은 대책없는 기다림, 배고픔, 지루함, 짜증남을 견뎌내야 했다.

이런 일은 모든 진행에 대해서 조금만 더 면밀하게 시뮬레이션을 했더라면 당연히 막을 수 있는 일이었다. 벌어지기 전에 막을 수 있는 것, 벌어진 상황에서 대처할 수 있는 것, 이것이 능력이다. 이것은 누군가에게 배정된 일이 아니다. 정확한 책임소재가 있는 일도 아니다. 하지만 누군가는 대비했거나 적절한 조치를 취했어야 하는 일이다. 그러나 내 손에 주어진 것 말고는 아무 것도 둘러보지 않는 무관심 때문에 일어난 일이다. 아주 조금의 노력으로도 많은 사역에서 틈새를 찾아내고 그것을 막아낼 수 있다. 그리고 그 것은 곧 능력이고 하나님과 교회를 위한 일이다.

참으로 이상한 것은 사람들은 대부분 시작과 결과에만 가장 큰 관심을 둔다. 시작하고 계획을 세우면 당연히 그 결과가 나올 것이라고 아주 단순하게 생각한다. 그러나 대부분의 일은 그렇게 계획한대로 이루어지지 않는다. 대부분의 사람이 그렇게 생각한다면, 나는 어떻게 해야 할까? 그들과 다르게 생각해야 한다. 대부분의 사람들이 시작과 결과만을 생각해서 허점과 실수를 자주 드러낸다면, 나는 과정을 생각하며 면밀히 살펴 과정 중에 수정하는 것을 늘 염두에 두면 된다.

나는 늘 일을 서둘러서 마치는 편이다. 해야 할 일이 있으면 매사에 빨리 마치려고 노력한다. 사람들은 나에게 성격이 급하다고 말하고 곁에서 함께 일하는 사람들도 때론 힘들어한다. 아직 시간이 있는데 왜 그렇게 서두르느냐는 것이다. 그런데 사실은 성격이 급해서 서두르는 것이 아니다. 몇 번 일을 해보니, 사람 일이라는 것이 뜻대로 된 적이 거의 없었다. 모든 일이 그렇다. 왜냐하면 이 세상이 기계적이지 않고 항상 상대적으로 움직이기 때문이다. 그래서 내가 마무리하기로 한 그 날에 맞추다보면 끝에 가서 반드시 변수가 등장하기 일쑤다. 그래서 항상 수정할 수 있는, 혹은 만회할 수 있는 시간을 벌어놓고 준비해야 한다.

아주 간단한 예를 들어보자. 주일에 교체할 현수막을 인쇄소에 신청했다고 하자. 대부분의 경우 토요일 오후까지 맞춰달라고 신청한다. 그리고 중간에 인쇄소에 체크하지 않는다. 그런데 인쇄소에서 온 현수막에 오탈자가 난 채 인쇄되어 토요일 오후에 도착했다면? 무조건 펑크다. 만회할 시간이 없다. 하지만 금요일 오전까지 도착하도록 신청하면 만회할 시간이 있다.

어디 이뿐일까? 너무 많은 예들이 있는데, 교회의 일이라는 게 나만 잘한다고 좋은 결과가 나오는 경우는 거의 없기 때문이다. 모든 일들은 다른 사람들의 여건이나 환경에 영향을 받는다. 나도 펑크 낼 수 있고 중간에 끼어 있는 사람들도 제 시간에 일을 마치지 못할 경우가 더 많다.

그래서 나는 항상 계획을 일주일 앞당겨 세우고 그 계획보다 더 일찍 마무리하려고 노력한다. 아무리 일찍 끝내도 일은 항상 계획보다 늦어졌다. 그래도 D-day보다는 여유가 있었기에 그것을 수정하고 보완할 수 있는 기회를 가질 수 있었다. 그러면 분명 완성도는 차이가 나게 되어 있다. 조정할 것을 예상하고 준비한 것과 마지막에 딱 맞추어서 준비한 것의 차이는 매우 크다.

이 일은 사실 무척 쉬운 일이다. 그저 일의 진행을 계속 상상해 보고 어떤 문제가 발생할지, 어떤 돌발 변수가 있을지에 대해 과정을 따라가며 예상하면 된다. 그리고 반드시 예외 상황이 생길 수 있다는 것을 전제로 일을 진행하면서 수정하면 된다. 시작할 때의 계획이 끝까지 똑같을 필요는 없다. 목표를 이루기 위해 유연하게 조정하면서 대안을 마련해서 그 목표에 도달하면 된다. 세상에 완전한 계획이 어디 있겠는가.

교역자 회의 시간에 멀뚱하게 있지 말고 상상하라. 그리고 성도들의 느낌을 예상해보라. 그리고 그 과정을 그려보라. 그리고 돌발 상황을 위해 조정할 시간을 남겨놓고 완성하라. 그렇다면 그 면밀한 시각으로 틈새를 발견하고 따뜻한 마음과 헌신으로 그 필요를 채운다면 당신은 능력 있는 사람으로 인정받게 될 것이다.

여전히 사람들은 나더러 일할 때 성미가 급하다고 한다. 여유를 가지라고 권면하기도 한다. 그들에게 조정의 시간에 대해 설명해도 "에이~ 참, 사서 걱정하시네. 그런 일은 없어!"라며 일축하곤 한다. 물론 때론 그들의 말처럼 아무 일도 일어나지 않고 순탄히 일을 마치는 경우도 있다. 하지만 그렇게 일을 마치는 경우는 거의 10%도 되지 않는다. 일을 그렇게 마친다고 해서 누가 뭐라고 하는 건 아니다. 하지만 좀 더 완성도 있는 사역을 하기 원한다면 포기할 수 없는 일이라 생각한다. 사역도 인생의 일부고 삶이다. 인생이 뜻대로 되던가? 일이나 사람이 내 마음대로 움직여지던가? 나도 나를 마음대로 움직이지 못하는 게 인생인데 어찌 남들이 모두

뜻한 대로 움직일 거라는 막연한 기대에 의지해서 주님의 일을 하겠는가. 특별히 좀 더 자신을 업그레이드시키기 원한다면 다른 사람이 보지 못한 틈새를 발견하고 그것을 채울 능력을 갖도록 권하고 싶다.

눈을 매일 새로 씻어라

사람의 감각은 상당히 적응이 빠르다. 그런 적응력 때문에 어떤 상황에서도 잘 견뎌내는지도 모른다. 하지만, 이런 적응력이 틈새를 찾아내는 데는 상당히 방해가 된다. 익숙하기 때문에 별반 문제점을 찾지 못한다.

어린 시절 시험을 보면 시간이 남아 검산을 할 때가 있었다. 분명히 검산을 했는데 틀린 것을 찾지 못하는 경우가 있다. 물론 전혀 모르거나 분명히 맞는 답이라고 생각해서 그런 경우도 있지만, 어떤 경우에는 "어? 이걸 내가 왜 못 봤지?"라고 생각하는 답들이 있다. "내가 아는 건데……." 바로 그런 경우다. 아는데도 틀린다. 한번 답을 썼기 때문에 다시 검토할 때도 처음 생각했던 눈으로 대충 훑어보면 새로운 문제점을 발견하지 못하고 그냥 놓치고 만다.

적응력이 왜 교회 사역에서 틈새를 찾는데 방해가 될까? 나는 미국에 와서 가능하면 더 많은 교회를 둘러보려고 여기저기 교회들을 방문했다. 물론 유명한 교회들도 방문하였지만, 때론 집 주변에 있는 작은 교회들도 다녀보았다. 배울 점은 큰 교회만 있는 것이 아니기도 하거니와, 현실적으로 대형교회는 손에 꼽지만 대부분 작은 교회가 우리 현실이기에 그랬다.

한 번은 새벽기도를 나가던 작은 교회의 주일 대예배를 가보았다. 새벽에도 무슨 냄새가 나는 것 같았는데, 주일 예배에 가보니 그 냄새가 뭐였는지 분명해졌다. 음식냄새였다. 새벽에 나갔을 때 교회도 깨끗하고 정갈하게 정리가 되어 있고 모든 것에 불편이 없었는데, 뭔가 쿰쿰한 냄새가 조금 났다. 하지만 심하지 않았기에 그저 넘어갔다.

그런데 주일 점심식사를 준비했는지 모르지만, 예배당은 거의 된장찌개 냄새로 가득했고 내가 식당에 앉았는지 아니면 예배당에 앉았는지 분간이 가지 않았다. 물론, 교제를 위해 함께 음식을 먹는다는 것을 이해 못하는 것은 아니지만 너무 심했다. 그럼에도 불구하고 대부분의 성도들은 아무런 문제의식이 없었다. 어쩌면 오히려 메뉴를 생각하며 흐뭇했는지도 모른다. 그러나 처음 주일 예배에 참석해서 은혜로운 예배를 기대했던 나는 좀 아니었다. 작은 교회가 갖는 여러 가지 애로사항을 모르는 바는 아니지만 조치가 분명 필요했다. 아침을 거르고 나온 내 머릿속은 온통 된장찌개로 가득 찼고, 예배에 집중할 수 없어 유쾌하지 않았다.

문제는 교역자들이나 성도들이나 아무도 그것에 대해 조치를 취하려는 움직임이 없다는 것이다. 누구도 창문을 열거나 조리실의 문을 닫거나 환풍기를 틀거나 하지 않았다. 익숙해진 것이었다.

처음 개척사역을 도울 때에 아파트 단지 내 상가에 교회가 있었다. 개척교회에서 한사람을 전도하고 정착시키는 일은 정말 어려운 일이었다. 어렵사리 정착한 한 성도가 나중에 들려준 말이 내게는 충격이 되었고 내 눈을 씻는 계기가 되었다.

"전 원래 작은 교회가 좋아서 일부러 이 교회를 찾아 왔거든요. 근데 교회 통로에 매번 쓰레기 봉지가 거치적거려서 정말 싫었어요."

"쓰레기 봉지가 있었어요?"

나는 눈을 동그랗게 뜨고 되물었다.

"네. 매주 그랬죠. 나중에는 저도 익숙해졌지만 처음엔 교회 인상이 많이 안 좋았던 게 사실이에요."

그 말을 듣고 나는 다시 교회를 빙 둘러보았다. 엘리베이터 앞에는 아무 것도 없었지만 화장실 가는 길, 새가족부실 가는 길에 통로가 비좁고 공간이 좁다보니 주일날 일을 하다 주방에서 나온 쓰레기 봉지가 나와 있었고, 식재료나 물건들이 복도 한쪽에 기울어져 있었다. 몇 년을 보아왔지만 내 눈에는 그게 거슬리지 않았다. 왜냐하면 처음부터 그랬으니까. 그게 문제였다.

나는 교회 컨설팅을 공부했고 그것으로 학위를 받았다. 그런데 컨설팅-일반 컨설팅이건 교회 컨설팅이건-에는 컨설팅을 할 수 있는 기본 자격이 몇 가지 있다. 그 하나는 전문적인 지식이 있을 것, 또 하나가 실천적 경험을 가지고 있을 것, 그리고 마지막 자격이 반드시 외부인이어야 한다는 것이다. 즉, 내부인은 컨설팅을 제대로 할 수 없다는 것이다. 내부인은 그가 아무리 전문적 지식과 풍부한 경험을 가지고 있다고 하더라도 이미 익숙해져버렸기 때문에 새로운 눈, 객관적인 눈으로 사물을 바라볼 능력이 없다고 말한다. 물론 여기에는 다른 여러 가지 의미도 포함되어 있다. 시각적인 것만이 아니라 상황적 이해라는 '허용'이 장애가 된다.

정말 내가 그 식재료나 쓰레기 봉지를 못 보았을까? 분명 눈으로는 보았을 것이다 그러나 보자마자 본능적으로 그 상황이 이해가 간 것이다. 그럴 수밖에 없는 공간적 상황을 내부의 사람으로서 이해해버렸기에 그것이 거슬리지 않았다. 이러한 익숙함 때문에 우리가 가진 약점들을 발견하지 못하고 그냥 넘어가게 된다. 그러나 성도들의 입장, 혹은 새로 온 사람들의 입장은 전혀 다르다. 이해할 수 없다. 그래서 그것이 걸림돌이 된다는 사실을 사역을 하는 사람으로서 늘 견지해야 한다. 그래서 매일 눈을 씻어야 한다. 처음 온 사람의 눈으로 바라보고, 외부인의 눈으로 바라봐야 한다.

그 일이 있은 후 나는 교회에 들어서는 건물 입구에서부터 마치 처음 교회를 방문하는 사람처럼 교회를 둘러보기 시작했다. 그러자 놀랍게도 보기 싫은 것들이 너무 많이 보이기 시작했다. 새가족실 한 구석에 박혀있는 쓸모없는 낡은 책상과 컴퓨터, 여기저기 접혀있는 의자들, 심지어 강대상 옆에 널려있는 몇 달째 사용하지 않는 보면대까지, 예전에 보지 못했던 많은 것들이 보이기 시작했다.

우리가 새로운 것을 보기 위해 교회 밖의 사람이 될 수는 없다. 우리는 교회 안에서 일해야 하는 사역자이니 말이다. 하지만 의식적으로 매일 내 눈을 씻어 새로운 눈으로 바라본다면 그동안 익숙해져서 이해가 된 것들과 귀찮아서 습관적으로 넘겨버린 많은 빈틈들이 보이기 시작할 것이다.

깨진 항아리를 막을 수 있는 두꺼비가 되는 첫 번째 단계는 항아리가 깨졌다는 것을 알아내는 것부터 시작이다. 이 흐르는 물이 항아리 물인지, 빗물인지 관심을 갖지 않는다면 내가 깨진 항아리를 막을 능력이 있어도 내게 그 기회는 절대로 오지 않을 것이다.

**'늘 처음과 같은 태도,
처음과 같은 눈으로 보아야 빈틈이 보인다.'**

서바이벌 체크 ☑

☕ 최근 내가 발견한 틈새를 적어보자. 꼭 담당자가 정해진 일이 아니어도 좋다.

....

....

☕ 그 일에 대해 내가 어떻게 할 수 있는지를 적어보라.

....

....

☕ 나의 눈이 씻어져야할 영역, 즉 처음 방문자의 눈으로 볼 곳이 어디인지 구체적으로 적어보라.

....

....

....

> 한국 교회에서
> 여 전 도 사 로
> 살 아 남 기

때로는 많은 일보다 결정적인 일이 필요하다
기능을 키워야 일을 감당할 수 있다

chapter

3

여자의 강점으로
교회를 살려라

1 2 **3** 4 5 6 7 8 9 10 11

'여자는 약해도 엄마는 강하다'는 말은 무슨 뜻인가. 도대체 어떤 질적인 변화가 있는가? 여기서의 변화는 마음의 변화다. 첫째는 임신과 출산이라는 과정을 겪으면서 담대함을 얻게 되는 것이고, 둘째는 자식을 지키려는 모성본능이 엄마를 강하게 하는 것이다. 하지만 자세히 들여다보면 출산 전과 후는 불과 몇 시간 차이가 나지 않는다. 그 사이에 원더우먼이라도 될 만큼의 대단한 체력의 변화가 있었던 것일까? 전혀 그렇지 않다. 아이를 낳고 나면 오히려 신체는 현저하게 노화되어가고 불균형이 생긴다. 결국, 마음과 결단의 변화다. 실제 가지고 있는 능력이 달라진 것이 아니라 마음 자세가 달라졌기 때문에 그 능력까지 달라질 수 있는 것이다.

어쩌면 많은 여자들이 자신의 능력을 잘 몰라서 그럴지도 모른다. 남자들에 비하여 여자들은 한꺼번에 여러 가지를 생각할 수 있는 능력을 가지고 있다. 혹은 한꺼번에 여러 가지 일을 할 수 있는 능력을 가지고 있다. 어쩌면 그것을 집중력이라고 해야 할 지도 모른다. 그런데 사람들은 거꾸로 생각하는 것 같다.

신문에 빠져있는 남편이 아내가 묻는 말에 제대로 대답하는 것을 보았는가? 대부분은 대답하지 않는다. 남자들은 한 가지 일에 몰입하면 다른 것에서 차단된다. 그래서 집중력이 좋다고도 한다. 하지만 난 좀 생각이 다르다. 여러 가지 일을 한꺼번에 할 수 있는 것도 대단한 집중력이다. 아이를 등에 업고서 저녁 준비를 하면서 전화를 받는 일쯤은 여자에게 아무 것도 아니다. 전화를 받고 있다고 해서 소금을 넣을 곳에 설탕을 넣는 일은 없다. 그만큼 여러 가지 일을 효율적으로 안배해서 성취할 수 있는 능력을 가진 것이 여성이다.

나는 어느 신문에서 호소하는 듯한 칼럼을 본 적이 있다. 아마도 그 작가는 자신의 아내에게 매번 혼쭐이 나는 듯 보였다. 그 기사의 내용은 '남자는 뇌가 그렇게 생겨먹어서 한가지 밖에 할 줄 몰라요.' 가 주된 골자였다.

말하자면 '남자들은 여자랑 달라서 한 가지 일을 하면 다른 일을 못하니까 제발 그만 닦달하세요, 이게 우리의 한계예요.' 라고 호소하고 있었다. 나는 그 기사를 읽고는 한편 웃음이 나왔고 또 한편은 내가 아는 어떤 남자는 컴퓨터 하면서 TV도 보고 전화도 하던데 하며 미소 지었다.

모든 사람이 획일적이지는 않다. 그리고 늘 예외는 있다. 그러나 그 칼럼을 쓴 사람의 말처럼 기본적으로 여자와 남자의 뇌 구조가 다른 것은 사실인 것 같다. 그 말이 맞는다면 일반적인 남녀의 특징적 구별은 존재한다는 말이다.

또 다른 남녀 뇌구조 차이에 대해서 책에서 읽은 적이 있는데, 분노할 때 반응이 다르다는 것이었다. 남자들은 화가 나서 감정이 폭발하면 뇌의 이성적 기능이 일시적으로 마비된다고 한다. 그래서 어떤 말을 조리 있게 해서 빠져나가야 할지를 생각하지 못한다는 것이다. 비단 말싸움만이 아니라 감정적인 폭발이 있을 때 순간 이성이 마비되어 올바른 판단을 그르친다고 한다. 하지만 여성은 감정이 폭발해도 이성적인 뇌가 같이 작동한다고 한다. 그래서 화가 나도 머릿속으로 계산할 거 다 하고 할 말 다하는 게 여자다.

이런 차이를 사역과 연관해서도 생각해볼 수 있다. 사람들은 여자들이 두려움이 많아 겁을 내서 큰일은 감당하지 못한다고 생각한다. 하지만 경험상 큰 위기 상황이 되면 여자들은 오히려 냉정해지는 경우가 많다. 나 자신의 경험뿐 아니라 주변의 많은 여성들이 들려준 이야기이기도 하다. 가정에 엄청난 일이 벌어졌을 때, 혹은 예기치 못한 위기가 닥쳤을 때 생각보다 냉정하게 판단하고 실제적인 일을 감당하는 것은 여자인 경우가 많다. 물론 다 그렇지는 않지만 일반적인 현상이다.

운전을 하다보면 정말 극도로 화가 날 만큼 무례하게 운전하는 사람을 만난다. 순간적으로 가장 큰 화를 치밀게 하는 건 운전할 때일 것이다. 난 TV의 한 연예인 남성이 운전하다 어떤 차량에게 화가 나서 그 차를 좇아 서울에서 인천까지 갔다는 이야기를 들은 적이 있다. 화가 올라오면 시간이 어떻게 되었는지, 약속이 어떻게 되었는지, 기름 값이 얼마나 드는지 아무 생각 없이 갈 때까지 가자는 생각이 드는가 보다. 생각해보라, 차안에 함께 탄 여성이 있다면 아내이건 다른 가족이건 간에, "그래. 끝까지 쫓아가보자!"라고 부추길 사람이 한명이라도 있을지. 아마도 없을 것이다.

혼란스런 감정적 폭발 속에서 냉정을 찾을 수 있는 것, 그것이 여성이 가진 큰 능력이다. 하나님께서 여자에게 그런 비범한 능력을 주셨다.

사무엘상에 기록된 아비가일의 일화를 우리는 잘 알고 있다. 이 사건에서 우리는 지혜로운 아비가일이 남편 나발의 미련함을 잘 수습해서 죽음을 면하고 결국 다윗의 아내가 되었다고 이해한다. 그러나 이 사건은 아비가일이 나발을 막아서 사건을 수습한 게 아니라 다윗의 혈기를 막아서 수습한 것이 더 중요한 핵심이다. 나발은 원래 미련하고 오만한 불량자라고 그의 아내도 그의 종들도 인정한 사람이다. 그런 사람의 분노나 혈기는 객관성을 갖기 어렵다. 그러나 다윗은 하나님의 마음에 합한 자라고 했던 기름부음을 받은 하나님의 사람이었다. 그럼에도 불구하고 오만방자한 나발의 말을 듣고 다윗은 혈기가 가득하여 나발에게 속한 모든 것을 쓸어버리려고 작정하고, 무장한 400명의 군사를 이끌고 올라갔다. 이러한 상황보고를 들은 아비가일은 즉시 풍성한 먹을 음식을 마련하여 죽이려고 달려오는 다윗의 군사들 앞에 마주선다.

"선물은 사람의 길을 너그럽게 하며 또 존귀한 자의 앞으로 그를 인도하느니라"(잠 18:16)는 잠언의 말씀처럼 아비가일은 즉각적으로 자신이 무엇을 해야 할지를 정확하게 그리고 냉정하게 판단했다. 그래서 여섯 가지 정성스런 예물을 준비하여 다윗 앞에 나아갔다.

> 아비가일이 급히 떡 이백덩이와 포도주 두 가죽부대와 잡아 준비한 양 다섯과 볶은 곡식 다섯 세아와 건포도 백송이와 무화과뭉치 이백을 취하여 나귀들에게 싣고(삼상 25:18).

그리고 모든 죄가 자신의 죄라고 고백하고 일단 자기 말에 귀 기울여 줄 것을 다윗에게 요청한다. 그런 다음 다윗을 칭찬하고 높여 구슬리고 그의 앞길을 보호하는 차원의 설득을 함으로 결국 칼을든 다윗의 마음을 진정시켰다. 결국 나발은 하나님의 손에 죽었고 다윗은 괜히 나발의 피로 더럽힐뻔했던 죄악을 면할 수 있게 되었다. 물론 성경에는 많은 지혜로운 사람들의 이야기가 나온다. 하지만 그 중 어쩌면 남성의 분노를 잦아들게 하고 자신에게까지 닥칠지도 모르는 생명의 위협 앞에서 냉정하고 면밀하게 일처리를 한 아비가일은 전형적인 여성의 강점을 잘 보여주는 사례라고 여겨진다.

교회 안에 정말 크고 작은 수많은 일들이 벌어진다. 때로는 교회가 없어지게 될 지경까지 가는 큰일도 있고, 큰 타격을 입을 만큼의 충격적인 일들도 있다. 그러한 일들이 닥쳤을 때 냉정하게 판단하고 무엇을 해야 할지를 구체적으로 생각할 수 있는 능력을 하나님께서 주셨다면 그것을 십분 발휘하여 교회를 위기에서 건져내는 위대한 일도 감당할 수 있을 것이다.

가정은 어떠한가? 가정에서라면 여자들은 훨씬 적극적으로 막아설 것이다. 왜냐하면 내 가정, 내 자식들에 대한 보호본능 때문에 더 강하게 아비가일처럼 막아설 수 있다. 그러나 교회에서 우리는 늘 '내가 뭔데.' '나 같은 게 뭘 나서나' '다 알아서 하시겠지' 라는 주변인 의식이 더 도울 수 있는 영역을 갉아먹는다.

흥분하지 않는 냉정함과 올바른 판단력, 이러한 장점을 인정하고 살린다면 어쩌면 위기 가운데 있는 교회를 건져낼 큰 역할을 감당할 수 있을지도 모른다.

때로는 많은 일보다 결정적인 일이 필요하다

어쩔 수 없이 여성 사역자들은 자질구레한 많은 일들을 하게 되어 있다. 맡은 역할이 그러하다보니 강대상에 물 떠놓는 일부터 청소와 관련된 일, 정리 정돈, 심방일지, 전화연락 등등 잡다한 일들이 많다. 누군가는 분명 해야 하는 일이고 너무 귀중하고 필요한 일이다. 하지만 때로는 내 헌신이나 희생, 사역의 정도를 꼭 일의 양으로만 측량할 수는 없다.

> 전에 아람 사람이 떼를 지어 나가서 이스라엘 땅에서 작은 계집아이 하나를 사로잡으매 저가 나아만의 아내에게 수종들더니 그의 주모에게 이르되 우리 주인이 사마리아에 계신 선지자 앞에 계셨으면 좋겠나이다 저가 그 문둥병을 고치리이다 (왕하 5:2-3).

위의 본문이 누구 이야기인지 알겠는가? 바로 나아만 장군의 이야기다. 이스라엘 땅에서 잡아온 작은 계집아이는 나아만 아내의 여종이 되었다. 그 여종이 평생 나아만의 집에서 일을 하는 동안 가장 잘한 일이 있다면 무엇일까? 아니, 그 여종만이 아니라 그 장군의 집에 있는 모든 남종와 여종을 합쳐서 가장 큰 공헌을 한 사람을 뽑으라면 나아만은 누구를 뽑을까? 당연히 이 작은 계집아이가 아니겠는가.

"그는 큰 용사이나 문둥병자더라."

"그는 큰 용사이나 그러나!! 그러나!! 문둥병자더라."

이게 나아만의 치명적인 일생일대의 문제였다. 그가 가진 모든 것을 앗아갈 수 있을 만큼의 약점이었다.

때로 사역이란 아니 종이 하는 일이란 양으로만 계산할 수 없는 것이다. 나아만 장군의 집에 있었던 모든 종들 가운데 가장 많은 일을 한 사람은 따로 있었을 것이다. 오래 일한 종, 덩치가 큰 남종, 집안 대소사를 다 관장하는 종 등 얼마나 많겠는가. 그러나 나아만 장군의 가문에 가장 위대한 일을 한 것은 그 작은 계집아이였다. 이게 양과 질의 차이다. 사람들은 사역을 무조건 양으로만 평가하려는 경향이 있다. 그러나 그것은 잘못이다. 때로는 결정적인 일이 그 모든 일들을 뒤집어 놓을 만큼 위대한 일이 되기 때문이다.

일은 양으로 승부를 건다고 되는 것이 아니다. 물론 양적인 것을 피해가려고 한다면 그것은 게으름이요 이기심이다. 그런 관점이 아니라 얼마나 중요한 일에 중요한 촉매 역할을 감당하느냐는 남녀라는 성별에 있지도 않고, 높고 낮음의 위치에 있지도 않고, 배우고 못 배우고에 있지도 않다는 말이다. 누구나 그런 결정적인 일을 해낼 수 있는 가능성은 있다. 우리도 할 수 있다. 믿음이 있다면, 주도적으로 돕고자 하는 열정이 있다면, 그리고 하나님께서 지혜와 도움을 주신다는 확신이 있다면, 누구나 교회를 위기에서 건져내는 사역자가 될 수 있다.

기능을 키워야 일을 감당할 수 있다

그렇다고 해서 소가 뒷걸음치다 쥐 잡듯 막연하게 기회를 기다릴 수는 없다. 그건 정말 평생 한번 올까 말까한 기회고, 일상적으로는 모든 사역자가 기능을 가져야 한다. 사람들은 남성이 여성보다 기획력이나 조직력이 강하다고 생각한다. 그러나 그것은 개인 차이지 남녀의 차이로 가를 수 있는 것이 아니라고 본다. 실제로 여성들이 훨씬 더 이지적인 작업에 능하다. 현재 많은 대학이나 대학원의 수석은 여성이 차지하고 있으며 그것은 미국에서도 마찬가지다. 미국의 대학만이 아니라 고등학교에서도 거의 대부분은 여학생이 수석을 차지하며 특별히 동양여성이 부각을 드러내고 있는 현실이다.

과거에 공부할 기회를 얻지 못해서, 학벌이나 전문성이 떨어졌을 때에는 그런 결과가 당연했지만, 오늘날처럼 누구에게나 교육의 기회가 열려있는 상황에서는 그렇지 않다. 또한 그것이 꼭 좋은 학벌과 많은 교육의 기회와 비례한 것만은 아니기에 노력하고 경험을 쌓는다면 충분히 기능을 가질 수 있다.

그렇다면 우리가 기능적으로 보완해야 하는 영역인데 왜 이 내용을 여성의 강점이라는 내용에 넣었을까? 이 부분은 의도적이다. 왜냐하면 난 아래와 같은 영역이 분명 여성의 강점이라고 믿기 때문이다.

첫째, 기획력을 높여라. 창조적인 아이디어를 살려서 고민하고 애쓰면 새로운 시각의 기획을 만들어 낼 수 있다. 그러기 위해서는 매사에 신선한 아이디어를 관심 있게 볼 필요가 있다. 나는 가끔 '왜 꼭 그렇게 해야 해?' 혹은 '왜 꼭 하던 대로 해야 해?'라는 질문을 던진다. 그래서 나에게 어떤 행사가 맡기어지면 무엇이든지 조금은 다른 각도로 시도하려고 노력한다.

내가 사역하던 교회에는 특별새벽기도가 있었다. 교회 창립한 지 몇 년 되지 않아서 아직은 특별새벽기도 행사가 행정적으로 안정되지 못한 때였다. 행사는 9월에 있었지만 난 7월부터 기도를 하면서 내 마음에 특별새벽기도에 대한 열정이 생겼다. 한 번 해보고 싶다는 마음이 생겼다. 물론 괜히 나섰다가 망신만 당하는 게 아닌가 하는 두려운 마음도 컸다. 하지만 용기를 내서 담임목사님께 이번 행사를 한번 맡겨주실 수 있는지 여쭈었다. 감사하게도 목사님께서는 흔쾌히 허락해 주셨다.

그 때부터 내가 알고 있던 모든 새로운 아이디어를 동원해서 특별새벽기도회를 준비하기 시작했다. 기존에 없던 것을 새로 만들어 내었다. 물론 모든 교역자가 협력해서 분업을 해 주었기에 가능한 일이었지만 일단 기획에 관련한 모든 것은 스스로 만들었다. 주제와 구호, 그 주제를 뒷받침할 상징 마크를 만들고, 매일 특새일보를 만들어 새벽마다 나눠주었다. 그리고 LA에 있는 모자이크 처치의 입구에서 중국 음식점에서 주는 포츈 쿠키를 나누어 준 일이 기억나서 그 안에 각종 말씀을 넣어 행사 첫날 나눠주었다. 매일 새벽마다 각자 맡은 일을 체크할 수 있는 체크 리스트를 만들어서 각 교역자들이 점검할 수 있도록 하고 감성적인 기도에 그치지 않도록 설교말씀을 적고 간단한 기도 가이드를 첨부한 특별새벽기도 책자를 만들어 나눠주기도 했다.

정말 흥미롭고 신났던 그리고 많은 열매가 있었던 기도회로 기억한다. 그 모든 일들을 실제로 담당했던 교역자들과 사무실 직원들은 하나가 되어 매일 신문을 만들어 내고 뜬금없이 쿠키집을 찾아다니며 정말 많은 고생을 했다. 하지만 그것은 성도들의 은혜라는 열매로 충분히 거둬졌다.

그때 나누어준 쿠키는 다음해부터 말씀쿠키라는 이름으로 상품화되어 나오기도 했지만, 그 당시만 해도 정말 획기적인 아이디어였다. 그것이 유행하게 된 게 나 때문인지 아닌지는 잘 모르지만 당시 한국에서는 아무도 보지 못한 것이었다.

포츈 쿠키는 2004년 미국의 모자이크 처치를 방문했을 때 눈여겨 본 사항이었다. 그 교회는 대표적인 포스트모더니즘 성향의 교회였다. 물론 지금도 그렇지만. LA 시내의 나이트클럽을 빌려서 예배를 드리고 있던 그 교회에 들어서자 안내위원이 포츈 쿠키를 나눠줬고, 다른 사람들은 지난 밤 나이트에서 놀던 손님들이 흘린 팝콘을 쓸고 있었다. 무대 위에서는 팔에 문신이 새겨진 청년이 기타를 치고 있었고 목사님은 빨간 티셔츠에 반바지를 입고 나왔다. 의자에 앉아 쿠키를 깨뜨리니 그 안에 그날 주일 설교 주제 말씀이 있었다. '언젠가 이걸 써먹어야지!' 라고 생각했었는데 다행히도 기회가 왔던 것이다.

한번은 순장 헌신예배를 맡은 적이 있다. 그 때에도 이것저것 만들었지만 우리 교회에서 처음으로 세로로 현수막을 강단에 걸었던 기억이 난다. '왜 현수막은 꼭 가로로 길게 만들어야 하나.' 내겐 너무 식상했다. 그래서 예배당 맨 뒤에 앉아서 강단을 한참을 바라보며 적당한 길이와 넓이, 색깔과 주제어 등을 생각하고 강단에 가서 생각했던 폭을 재었다. 그리고는 양쪽에 크게 현수막을 내렸는데, 내 기억에는 참 멋있고 새로웠던 기억이 난다. 물론 사람들은 별거 아니라 생각할 수 있을 것이고 기억도 못할지 모른다. 하지만 난 무엇이든 처음 시도하는 것 자체만으로도 의미가 있다고 생각한다.

정해진 대로 해야 한다는 생각만 버리면 우리는 무궁무진한 아이디어를 얻을 수 있고 그것은 신선한 자극이 되어 복음을 전하는 새로운 포장이 될 수 있다. 기획이라는 말에 겁먹을 필요 없다. 다른 사람이 할 수 있으면 반드시 나도 할 수 있다. 별 것 아니라고 생각하지 말고 아이디어를 현실화하기 위해 시도해보라. 좋은 기획이 될 수도 있다.

둘째, 조직력을 높여라. 교역자들에게 가장 두드러지는 약점 중 하나가 조직력이다. 그럴 수밖에 없는 것이 대부분의 교역자들은 사회생활을 해보지 않고 사역에 투입되는 경우가 많다. 그러다보니 직장 경험이 없어서 상하관계, 수평관계, 부서와의 연계성 등 미숙한 부분이 한둘이 아니다. 하지만 교회는 무슨 생산품을 만드는 공장이 아니라 사람을 다루는 곳이고 사람들을 통해 일하는 곳이다. 따라서 사람들을 잘 운용하여 어떠한 결과를 만들어 내느냐가 교역자가 가져야하는 능력이다.

교회에서 조직을 짜주었다고 해서 조직이 돌아가는 것은 아니다. 내가 담당한 부서에서 누구에게 총무를 맡길지, 누구에게 팀장을 맡길지, 어떤 구조로 연락하고 움직이도록 해야 하는지에 대해서 고민할 필요가 있다. 사람을 골라 그가 가진 달란트에 맞게 적절한 위치에 안배하는 것, 그리고 작은 그룹들이 서로 역동성을 유지하도록 하는 것, 서로 적절하게 의사소통하고 필요를 들어주는 것은 우리가 생각하는 것보다 굉장히 중요한 일이다.

교역자에 대하여 여러 가지 평가를 할 수 있지만 평신도에게 들은 평가 중에 내가 사역하던 교회에서 중직을 맡은 성도에게 들은 말이 가장 충격적이었다. "교역자들은 모럴 헤저드(도덕적 해이)가 기본인 것 같아요." 변명할 수 없었다. 왜냐하면 그런 일들이 빈번했으니 말이다. 너무 자존심이 상한 순간이었다. 하지만 불행하게도 부인할 수 없었다.

교역자실에 있으면 중직을 맡은 평신도들의 볼멘소리를 종종 듣는다. 교역자들은 '네. 네' 하고 대답만 하고는 바로 잊어버린다는 것이다. 메모하지도 않고 대답은 청산유수로 하면서 연락도 없고 다시 만나면 "아! 바빠서 그만 깜박했네요. 제가 다시 알아보죠."

하고는 또 감감 무소식이라는 것이다. 조직을 운영하는 일도 얼마나 불합리하게 하는지 자기중심적으로 시간을 짜고, 모임에 지각하는 것은 다반사이고, 결정된 내용은 위로 상정되지 않기 일쑤이다. 성도들은 때로 친절한 벽에 대고 이야기하는 기분이다. 친절하지만 아무런 조치나 의사소통은 이루어지지 않는 벽 말이다.

이는 자신이 담당하는 조직을 효율적으로 운영하지 못하는 것은 당연하고, 자신이 소속되어 있는 조직 안에서도 제대로 된 역할을 하지 못하는 것이다. 어떤 내용을 담임목사에게 상정해야하는지, 바로 해결해야 할 문제가 뭔지, 어떤 내용을 스스로 해결해야 하는지를 분간하지 못한다는 것이다.

회사를 수십 년 다닌 평신도들의 눈에 이런 교역자들의 행동이 얼마나 한심해 보일까 한번 생각해 보자. 다만 성직이라는 것 때문에 봐주고 있다는 생각은 안 해봤는가? 난 성도들이 얼마나 교역자를 인내하고 있는지 너무 많이 봐왔다. 그래서 때로는 과연 누가 누구를 돌보는 있는 것인가라는 회의가 들기도 한다.

인간관계의 끈을 생각하며 효과적인 조직체계를 늘 구상하고 그 조직을 운영하기 위해 노력하라. 약점은 노력하지 않는 한 발전하지 않는다. 왜냐하면 내가 못하는 것이니까. 방치하면 당연히 더 못할 수밖에 없다. 조직 관리는 목회만큼이나 중요하다. 그리고 조직 관리를 잘하면 일이 수월히 돌아가게 할 수 있다. 결국 조직 관리는 행정이나 사무가 아니라 인간관계이고 커뮤니케이션이다.

셋째, 철저함을 기르라. 교역자들이 상습적으로 효과를 보는 종교적 마약 같은 것이 있는데, 그것은 하나님의 은혜로 다 잘될 거라는 안일한 믿음이다. 물론 기본 전제는 당연히 맞는 말이다. 하나님의 은혜로 하나님의 뜻대로 잘되어야 한다. 하지만 이것은 우리가 애쓰고 노력하지 않아도 된다는 혹은 대충해도 결국에는 잘될 거라는 안이함에 면죄부를 주는 것을 말하지는 않는다.

과연 이것이 진정한 믿음일까? 진정한 믿음이라면 그것은 정말 우리가 우리 힘으로 할 수 없는 것들에 대해 하나님을 신뢰하고 믿음으로 전진하는 것을 말한다. 우리는 할 수 없는 것들은 너무 쉽게 포기하고, 할 수 있는 것들은 믿음이라는 명분으로 방치하고 대충한다.

이제껏 얼마나 많은 교역자들이 교회의 사역, 주님의 일, 하나님의 뜻, 영적 영역이라는 신성한 부분을 영적 전문성으로 내세워 얼마나 많은 평신도들의 평가와 화살을 교묘하게 피해왔는가? 내심 '니들이 영적인 것을 알아? 세상과는 다른 거야 입 다물고 있어.'라며 말이다. 하지만 그렇게 말하기에 교역자들은 너무 약점이 많다. 성경에 나와 있는 어떤 주의 종들이 그렇게 대충하면서 주의 종이라 자처한 사람들이 있는가.

우리는 좀 더 철저해질 필요가 있다. 우리가 할 수 없는 영역은 하나님께서 하실 것이나 우리가 할 수 있어서 우리에게 맡겨진 것에 대해서는 철저하게 청지기의 책임을 다해야 한다.

철저함을 기르기 위해서는 우선 철저한 계획이 있어야 한다. 어떤 일이든 계획적으로 일해야 한다. 항상 수첩을 들고 다니며 기록해라. 만약 교회 마당을 지나가다가 우연히 어떤 한 성도의 부탁을 듣게 되었다면 교역자실에 도착하자마자 메모하고 그분의 연락처를 함께 기록해 놓도록 하라. 연락처를 찾기가 귀찮아 다음으로 연락을 미루는 일이 없도록 말이다. 그리고 반드시 그 문제를 해결하기 위해 시도하고, 해결이 '되든지 안 되든지' 반드시 연락을 주어야 한다. 왜냐하면 연락이 올 때까지 한 달이건 두 달이건 성도는 기다리고 있기 때문이다. 교역자는 '잊었겠지, 별거 아닌데······.' 이렇게 생각하지만, 천만의 말씀이다. 평신도는 교역자한테 쉽게 부탁하지 않는다. '얼마나 바쁘실 텐데······.' 하면서 여러 번 망설이고 조심스럽게 부탁하는 것이기 때문에 잊을 수가 없다. 속으로 얼마나 기다리는지 모른다. 결국 이러한 작은 태도 하나가 그 교역자에 대한 신뢰를 쌓을 수도 무너뜨릴 수도 있다는 것을 명심하라.

어떤 일이 주어지면 그것을 완성해야하는 날짜와 그 중간에 해야 하는 일들을 시간별로 나열하여 업무가 잘 진행되고 있는지를 반드시 체크해야 한다. 그렇지 않으면 교역자 회의시간에 담임목사님에게 책망을 듣게 된다. 교역자들끼리 하는 우스갯소리로 '깨지는 그날이 도적같이 임하는 것'이다. 이런 악순환을 반복하는 교역자들이 있을 것이다. 그 사람은 꼭 그 결과를 낳기까지 동일한 패턴을 가지고 잊어버리고 방치하고 중간 체크하지 않고 일하는 사람임이 분명하다.

앞에서 언급한 기획력을 키우는 것, 조직력을 키우는 것, 철저함을 기르는 것 이 세 가지는 모두 연관성을 가진다. 이것이 잘되어야 일에 완성도가 높아진다. 새로운 아이디어가 아무리 많아도 그것을 계획적으로 철저하게 진행하지 못하면 그림 같은 아이디어는 곧 별 것 아닌 초라한 것으로 전락하고 만다. 기획은 비전이고, 조직력과 철저함은 그 비전을 이루기 위해 만들어가는 계단과 같다. 계단이 없이 아무도 그 높은 비전에 올라갈 수 없다. 계단을 만들지 않는 비전은 그저 한낱 환상에 불과할 것이다.

말만 무성하고 제대로 된 성과를 거두지 않는 교역자를 누가 신뢰하겠는가. 누가 그의 영성을 인정하겠는가. 성실함과 신실함은 그가 말하는 영성과 비전을 이루어나갈 계단을 만들 수 있는 사람이라고 믿게 만든다. 성격이 좋아서 성실하고 신실한 게 아니라, 주어진 일에 책임을 다해 철저하게 수행함으로 이루어내는 노력의 결과인 것이다.

반드시 기억하라. 용서는 어느 한순간 단번에 받는 것이지만, 신뢰는 긴 시간 차곡차곡 쌓아가는 것임을.

'잃어버린 여성의 강점을 다시 찾아오라.
그리고 노력으로 그것을 완성하라.'

chapter

4

선택의 기로에서
이불깔고 눕지 마라

1 2 3 **4** 5 6 7 8 9 10 11

프랑스 파리에 있는 한 잡지사에서 재미있는 질문을 했다. "만약에 루브르 박물관에 갑자기 큰 불이 났다면 당신은 그 박물관에 있는 진귀한 예술품 중 어떤 작품을 구해 내겠습니까?"라는 질문이었다. 그 질문에 대한 가장 재치 있는 답으로 선정된 것은 재밌게도 "문에서 가장 가까운 작품을 선택한다."였다.

 이 말은 루브르 박물관 안에 있는 수많은 진귀한 예술품들을 모두 구할 수 없다면, 그리고 모두가 귀중한 보물이라면 가장 현실적인 방법을 선택하는 것이 제일 지혜롭다는 말이다. 불이 난 가운데서 이게 좋을까, 저게 좋을까 고민한다는 것은 어리석은 일이라는 의미일 것이다. 이처럼 우리는 선택의 기로에서 생각보다 너무 복잡한 것들을 고민하느라 시간을 모두 보내곤 한다. 그래서 결국에는 아무 것도 선택하지 못하고 바보처럼 제일 좋은 것들은 다 놓쳐 버리는 경우가 종종 있다.

선택이 목표에 다리를 놓는다

목표를 이루는 일도 마찬가지다. 목표를 이루는 일은 끈기만으로 되지 않는다. 수많은 선택 속에서 한 계단 한 계단을 만들어가야 하는 것이다. 과연 오랜 시간 고민의 내용을 붙잡고 있다고 최상의 선택을 할 수 있을까? 그렇지 않다. 다만 그것을 지루하게 붙잡고 있을 뿐이다. 왜냐하면 자신이 없으니까, 그리고 자기 자신을 믿지 못하니까 그런 경우가 많다. 선택의 기로에서 이불 깔고 눕는 사람들 가운데 정말 선택을 잘하는 사람은 생각보다 많지 않다. 결국 기회를 놓쳐버리고 후회하면서 그 포도는 신포도일 거라고 위로하는 이솝우화의 여우처럼 되어버리기 일쑤다.

올바른 선택을 하면서도 좀 더 빠른 선택을 하기 위해서는 우선 몇 가지 전제가 필요하다.

첫째, 우선순위에 대한 빠른 이해와 과감한 포기. 선택을 하기 위해 어떤 것이 제일 중요한가를 먼저 생각하면 선택은 간단해진다. 예를 들어 구두를 사러갔다고 치자. 활동하기 좋은 낮은 굽의 구두를 원해서 갔다. 그런데 매장을 둘러보니 예쁜 구두, 멋진 구두 그것도 색깔별로 모양별로 가격별로 천차만별 종류가 너무나 많다. 아무 생각 없이 전부 둘러보면 이건 예쁜데 너무 비싸고, 저건 마음에 드는데 내가 가지고 있는 스타일이고, 이건 편한데 마음에 안 들고 등등 온갖 조건이 머릿속에서 뒤섞여버린다. 하지만 구두가게에 온 이유가 뭔가? 굽이 낮은 구두를 사려는 것이다. 그러면 굽이 낮은 구두가 있는 곳을 둘러보고 적당한 게 없다면 바로 다른 가게로 옮겨야 한다. 그런데 대부분은 그렇지 못하다.

비단 이런 일상적인 선택만의 문제라면 그저 그렇게 대충 살면 된다. 하지만 대부분은 일상적인 태도가 업무태도와 무관하지 않다. 지금 내가 해야 할 일 중에 어떤 일을 먼저 해야 하는지, 이 일을 처리하기 위해 우선적으로 도움을 얻어야 할 사람이 누구인지를 생각하고 그것을 먼저 해야 한다. 그런데 대부분은 그렇게 생각하고 일을 시작하지 않는다. 심방도 해야 하고, 교적도 정리해야 하고, 보고서도 써야 하고, 설교준비도 해야 하고, 점심도 먹어야 하고, 걸려오는 전화도 받아야 한다. 앉아서 되는대로 이일 저일 하다보면 어느새 한나절이 다 지나간다. 점점 시간은 빠듯해오고 일처리는 갈수록 늦어지기 마련이다.

빠른 선택을 위해서 예쁜 구두를 둘러보는 즐거움은 바로 포기

해야한다. 즐거움 자체를 위해 쇼핑을 나간 것이라면 모를까. 일단 굽이 높은 구두는 오늘 내 상대가 아니다. 지금 내가 해야 하는 목표의식을 분명히 갖는 것, 그것의 우선순위대로 나머지 것을 시원스럽게 포기하는 것! 이것이 빠른 선택을 하는 기본 조건이다.

둘째, 절대로 완벽한 준비는 없다는 것을 명심하고 도전해야 한다. 선택이라는 것이 때로는 구두를 선택하듯 간단한 것도 있지만, 때로는 인생이 걸린 문제를 선택해야 할 때도 있다. 그렇다고 성급하게 생각 없이 선택하라는 것은 절대 아니다. 선택에 앞서 그저 두려움 때문에 이것도 재고 저것도 재다가 모두 놓쳐버리지 말라는 말이다.

어떤 겁 많은 기사가 여행을 준비하고 있었다. 그 기사는 여행길에서 겪을 수 있는 모든 문제에 대비하여 철저히 준비했다. 전투를 할지도 모르니 검과 투구도 있어야겠고, 햇볕에 타거나 피부가 상할 수 있으니 연고도 필요했다. 밥을 지어 먹어야 하니 장작을 팰 도끼와 잠을 잘 천막, 양탄자와 냄비, 그리고 또 접시 여러 개와 말에게 먹일 사료와 생활에 필요한 여러 가지를 준비했다. 그리고는 길을 나섰는데 그가 가지고 가야하는 짐의 무게가 어마어마했다. 마치 거대한 쓰레기 더미가 움직이는 것처럼 뒤뚱거리며 걸어가야만 했다. 그런데 길을 가다가 낡은 나무다리를 만나게 되었다. 그 기사가 다리의 중간쯤 지나가는데 그만 다리가 짐의 무게를 견디지 못해 무너지고 말았다. 그런데 더 재미있는 것은, 그 기사가 강에 빠져 죽어가면서 이렇게 후회했다는 것이다.

"물에 빠질 것을 대비해 구명보트를 챙기지 못했군."

어디까지 준비해야 우리는 길을 떠날 수 있을까? 얼마만큼 준비해야 자신 있게 "이 일은 제가 해보겠습니다!"라고 말할 수 있을까? 언제쯤 자신 있는 선택을 할 수 있을까? 선택은 신중해야 하지만 '신중함'이 '선택의 기로에서 이불 깔고 눕는 것'을 의미하는 것은 아니다. 이제 이불을 걷어 치워야 한다. 그리고 빠르고 정확한 선택을 위해 몸을 가볍게 해야 한다. 세상에 완벽히 준비된 상황이란 없다. 기사가 덜 준비했다면 그는 구명보트를 준비할 필요도 없이 무사히 낡은 나무다리를 건널 수 있었을 것이다. 끝없는 준비는 곧 끝없는 망설임을 의미할 수도 있다. 그저 시간을 끄는 명분으로서의 준비일 경우 말이다.

위에서 보았던 아비가일의 경우는 어떠했나? 그 본문을 읽으면서 가장 눈에 들어오는 것이 아비가일의 신속한 조처였다. 지혜로운 여인의 대표라 할 수 있는 아비가일의 일화에서 3번이나 '급히'라는 말이 나온다. 나발의 실수를 만회하기 위해 그녀는 '급히' 먹을 것을 잔뜩 싸들고 나갔고, 다윗을 보자 '급히' 나귀에서 내렸다.

그리고 나발이 죽은 후에 다윗의 청혼을 받은 아비가일은 '급히' 나귀에 올라 그 자리에서 망설임 없이 바로 다윗을 따라 나선다.

NLT성경에 보면 나발의 실수를 고하러 온 종이 아비가일을 향해 이런 요구를 한다. "You'd better think fast!(빨리 생각하셔야 합니다!)" 상황이 상황인 만큼 빠른 선택이 요구되었던 것이다. 그 필요에 아비가일은 아주 명쾌한 선택을 해나갔다.

빠르고 선명한 선택을 위해서는 훈련이 필요하다. 늘어지게 잡다한 것을 쌓아놓고 망설이던 사람이었다면 아무리 "빨리 생각하셔야만 합니다."라고 요구한들 그렇게 되었겠는가? 잡다한 생각들을 떨쳐버리고 간결하게 우선순위를 중심으로 생각하는 습관, 이것이 빠른 선택을 하는 기본이 된다.

그리고 더 준비해야지 하면서 실은 시간을 질질 끌어서 이 곤란한 선택의 순간을 모면하고 싶어 미적거리는 습관을 버려야 새로운 기회에 도전할 수 있다. 선택의 상황에 집중하고 분명하게 결정하라. 그리고 선택한 일을 시행하라. 미적거리는 사이에 기회는 지나가 버릴 것이다.

마지막으로, 선택을 위해 필요한 것은 자존감이다. 여자 전도사들은 이미 자신이 1인분이 아니라는 사실에 너무 익숙해져 있다. 늘 보조자로서의 사역만을 하려고 하는 성향이 바로 그것을 반증한다. 물론 환경적으로 그렇게 요구되어 왔고 그래서 또 숨어갈 수 있는 편한 점도 있다. 하지만 그 성향이 성경적인 사역관은 아니라고 생각한다. 하나님은 어떤 인간을 어떤 인간의 보조자로 평생 살길 원하시지 않는다. 우리는 남자의 돕는 배필로 여자를 아내의 자리로 부르셨음을 너무 잘 알고 있다. 그러나 그 돕는 배필이 여자의 모든 정체성을 규정짓는 것은 아니다. 히브리 원어로 본다면 '배필인 돕는 자' 라는 의미는 우리가 생각하는 것처럼 보조적이고 나약한 의미로 쓰이지 않았다.

가정 사역을 하시는 어느 목사님이 이 돕는 배필을 유머러스하게 설명한 기억이 난다.

"잘난 사람하고 못난 사람하고 둘이 있다면 누가 누구를 돕습니까?"

"똑똑한 사람이 멍청한 사람을 돕죠."

"그럼 돕는 배필 중에 누가 돕는 사람입니까?"

"여자죠."

"그럼 남자가 잘났습니까? 여자가 잘났습니까?"

"여자요, 하하하······."

이런 이야기로 모든 청중을 웃게 만들었던 기억이 난다. 그 말은 '돕는다' 는 의미는 곧 우월해야 도움이 되지, 못난 사람이 잘난 사람을 돕는 법은 없듯 여자가 더 우월하게 만들어졌다는 말이었다.

이 목사님은 여자들의 기분을 좋게 하면서 아주 지혜롭게 남녀평등의 문제를 설명했다.

난 개인적으로 남자와 여자를 비교해서 누가 누구보다 우월하다는 표현 자체를 싫어한다. 그래서 여자가 남자보다 우월하다는 것도 적절치 않고, 남자가 여자보다 우월하다는 것도 적절치 않다고 생각하는 사람이다. 어쨌든 여자에게 있어서 성경적 여성상이라는 것 때문에 날 때부터 보조자라는 인식에 강하게 박힌 것에 대해서는 좀 왜곡되었다고 생각한다.

하나님께서는 인간 존재 하나하나를 존귀하게 여기시고 동일하게 사랑하신다. 각자의 이름을 지명하여 불렀다고 하셨다. 모두가 존귀한 존재이고 모두에게 최선의 사랑을 쏟아주신다. 여기에는 남녀의 성별도, 장애의 유무도, 기능적 우열도 무관하다고 나는 믿는다. 그렇다면 여자들 스스로 가지고 있는 자존감은 수정되어야 할 필요가 있다.

선택의 문제에서 왜 자존감의 문제가 나오느냐고 하겠지만 자존감 없이 분명한 선택을 하기 어렵다. 남자건 여자건 스스로에 대해 자신이 없는 사람은 선택에도 자신하지 못하기에 늘 망설인다. 자신이 선택한 것은 잘못될 것이라고 생각하고 선택한 후에도 아주 작은 문제만 생겨도 자신이 잘못 선택해서 생긴 문제일 것이라고 지레 후회하기 때문이다.

당신에게 주어진 일을 당신이 선택하는데 누가 뭐라고 하겠는가? 당신의 인생을 당신 스스로 결정하고 선택하는데 왜 망설이는가? 당신은 성인이 아닌가? 다른 사람보다 확실히 모자라는 사람인가? 왜 늘 주저하고 다른 사람이 결정해주기를 기다리고 있는가 말이다. "제가 뭘 아나요. 다들 알아서 잘하시겠죠, 뭐." 혹은 "제가 결정하는 게 늘 그렇죠, 뭐."라는 말을 입에 달고 살지는 않는지. "전 정말 모르겠어요. 대신 결정해주시면 그대로 할게요."라며 늘 다른 사람에게 결정을 미루지 않는지 돌아보라.

존경받는 어느 위대한 선교사에게 초보 선교사가 질문을 했다.
"선교사님, 선교사님은 어떻게 이렇게 난감한 상황에서 항상 탁월한 결정을 내릴 수 있게 되었습니까? 저에게도 가르쳐주십시오."
그러자 위대한 선교사는 이렇게 대답했다.
"수많은 잘못된 결정을 내렸었기 때문이죠."

결정하는 것도 습관이다. 잘못된 결정의 경험 없이 좋은 결정을 내릴 수는 없다. 그러므로 두려워할 필요가 없다. 지금의 실수가 다음의 선택을 더욱 올바르게 만들어 줄 것이기 때문이다. 결정 내리는 것에 관심을 기울이고 스스로 선택하기 시작하면 언젠가는 좋고 빠른 결정을 할 수 있게 된다. 그러나 관심을 갖지 않고 늘 다른 사람에게 선택하도록 미루기만 한다면 당신은 죽는 날까지 좋은 선택을 할 능력을 갖지 못할 것이다. '인생의 가장 큰 실수는 실수하지 않는 것이다.' 라는 말이 있다. 실수하지 않으려고 아무 것도 하지 않는 것이 가장 어리석게 인생을 사는 방법이라는 의미다.

하나님은 대량생산자가 아니다. 아무 특징도 없이 공장에서 찍어내듯 우리를 만들었다면 우리의 가치는 세상에 널려있는 싸구려 플라스틱 그릇과 같을 것이다. 그러나 하나님은 한 사람 한사람 심혈을 기울여 만드셨고 우리 각 사람을 기뻐하시고 즐거워하신다. 이 세상에 널린 수많은 나뭇잎들조차도 같은 것이 없듯 우리 인간도 같은 것이 하나도 없게 지극히 창조적으로 지극히 개별적으로 만들어내시는 분이 바로 하나님이시다. 우리는 그렇게 만들어졌다.

당신은 하나님의 관심 없는 여벌인가

창세기 21장에는 사라가 이삭을 낳고 드디어 젖을 떼는 날에 기념 파티를 여는 장면이 나온다. 이때에 하갈의 소생 이스마엘이 이삭을 놀려 결국 사라에게 쫓겨나게 된다. 여기서 놀렸다고 번역된

'희롱한다'는 의미는 히브리어 '메차헤크'라는 말로 '멸시하다', '비웃다'란 뜻 외에 '핍박하다'란 뜻도 내포되어 있다. 따라서 이는 단순히 장난기 어린 놀림 정도의 의미가 아니라 17세나 된 이스마엘이 적자(嫡子) 이삭의 탄생으로 말미암아 상속권을 상실한 자기 존재 가치에 불만을 품고 고의적으로 동생을 멸시하고 핍박한 행위를 가리킨다.

어느 날 성경을 통독하기 위해 읽어나가면서 참 흥미로운 문구를 발견했다. 이스마엘이 이삭을 희롱하다가 결국 그 어미 하갈과 함께 쫓겨난다. 그리고는 광야에서 목이 말라 죽을 지경에 이른다.

> 가죽부대의 물이 다한지라 그 자식을 떨기나무 아래 두며 이르되 자식의 죽는 것을 차마 보지 못하겠다 하고 살 한 바탕쯤 가서 마주 앉아 바라보며 방성대곡하니 **하나님이 그 아이의 소리를 들으시므로** 하나님의 사자가 하늘에서부터 하갈을 불러 가라사대 하갈아 무슨 일이냐 두려워 말라 **하나님이 저기 있는 아이의 소리를 들으셨나니,** 일어나 아이를 일으켜 네 손으로 붙들라 그로 큰 민족을 이루게 하리라 하시니라(창 21:15-18).

하나님이 하갈의 부르짖음을 듣고 응답하신 것이 아니라 이스마엘의 소리를 듣고 응답하셨다. 아이가 억울한 사연을 토로한 것도 아니고 기도한 것도 아니었다. 그리고 사실 문맥상 자연스럽기는 "하나님이 하갈의 부르짖음을 들으시고……."가 적절한 표현이다. 그런데 본문에는 하나님이 그 어린 아이의 소리를 들으셨다고 말한다. 아이가 울었는지 안 울었는지 본문에는 없지만, 하나님은 아이의 고통을 돌아보셨다.

나는 이 본문을 읽어 내려가면서 큰 깨달음을 얻었다. '하나님은 우리가 왜 고통당하느냐보다 고통당한다는 사실에 가슴아파하신다.' 다르게 표현하면, 하나님이 울고 있는 나를 보고 가슴 아파 하시며 안아주시는 것은 내가 우는 이유 때문이 아니라 내가 운다는 사실 자체로 슬퍼하신다는 말이다.

그 때부터 나는 구구절절하게 기도하는 것을 멈추고 그저 하나님 앞에서 슬피 울기만 하는 시간이 많아졌다. 설명하고 설득하려는 데에서 자유로워진 것이다. 하나님이 나를 사랑하시고 나를 돌아보시는 것은 내가 잘해서, 혹은 못해서가 아니라 나 자신 때문이라는 것을 깨달았기 때문이다.

이 본문을 통해서 어떠한 사람이라도-설령 잘못을 저지르거나 타당한 이유를 갖지 못했을지라도-그 신음소리에 귀 기울이시는 하나님의 존귀한 사랑의 대상임을 마음 깊이 믿게 되었다. 그렇게 하나님 앞에 서 있는 것이 바로 우리 자신이다.

당신은 누군가의 여벌로 만들어진 사람이 아니다. 또한 세상 어디에도 당신의 여벌이 되기 위해 태어난 사람은 없다. 사람은 누구나 온전한 하나다. 이 믿음이 우리 사역의 현장에서도 필요하다. 물론 역할 차원의 보조는 있다. 모든 일들은 분업화가 가능하며 효율적인 일을 위해 지도자와 돕는 자, 혹은 보조자가 있을 수 있다. 그러나 너무 많은 사람들이 특히 대부분의 여자 전도사들은 인생과 사역이 통째로 보조라고 생각한다. 그것은 비성경적인 생각이다. 우리의 사역 또한 마찬가지로 여벌로 부르신 게 아니기 때문이다.

하나님은 당신을 지명하여 불렀고, 또 당신을 다시 한 번 지명하여 사역의 삶으로 부르셨다. 그 때에 당신은 일대일로 하나님을 만나지 않았던가? 우리는 분명 하나님과 독대하고 소명을 받았다. 그러나 그 이후 우리는 늘 1+1 사은 행사 (미국에서는 이것을 Buy 1 Get 1 Free 라고 한다. 즉 하나 사면 하나를 서비스로 더 주는 것이다.)의 덤처럼 나의 소명을 규정하곤 한다.

"나같은 사람이 뭘 해. 자신 없어. 그냥 도와주기나 해야지." 그냥 숟가락 하나 더 얹듯 주도적인 사역을 하지 못하고 늘 남자 교역자의 뒤로 숨어버린다. 그러고는 그게 겸양의 미덕인 것처럼 자위하는 것이다. 하나님 앞에 일대일로 소명을 받았다면 사역 앞에서도 일대일 즉, 1인분의 사역을 감당하겠다는 자존감을 가져라. 그래야 당당하게 선택하고 결정하는 독립적인 사역자가 될 수 있다. 하나님의 소명이 부끄럽다면 등 뒤로 숨어도 좋다. 등 뒤에 숨어서 대충 소명을 받았다면 그렇게 하라. "하나님, 저는 이 사람 뒤에 업혀갈게요. 그 정도만 저를 쓰십시오!"라고 했다면 말이다. 그러나 그렇지 않다면 등 뒤로 숨지 말라. 등 뒤로 숨는 것은 하나님을 신뢰하지 않고 무시하는 행동이다.

첫째는 하나님의 존귀한 작품인 나 자신을 우습게 보는 것이고, 둘째는 단독자로서 부르신 하나님의 소명을 부끄럽게 하는 것이다. 성경 어디에 1인분이 아니고 반값인 사람이 있는가. 내가 맡은 역할과 나의 존재를 혼동하지 않아야 한다. 역할은 언제나 바뀔 수 있는 것이고 내가 하기에 따라 달라질 수 있지만 존재는 달라지지 않는다. 자신에게 영구적인 반쪽짜리 역할을 규정지어 놓고 모든 선택과 결정을 다른 사람에게 미루며 자신의 존재에 대해서도 자신 없고, 자신의 사역에 대해서도 자신 없어하는 삶은 하나님을 기쁘시게 하는 삶은 아니다.

선택의 기로에서 머뭇거리고 아예 자리 깔고 눕는 사람에게 흔쾌히 일을 맡기는 사람은 없다. 명쾌한 선택도 능력이다. 그리고 훈련이 필요하다. 넘어지지 않고 자전거를 배울 길은 없다. 넘어질 것을 감수해야 자전거를 배울 수 있다. 잘못된 선택이 거름이 되어야 선택을 더 잘하는 사람이 될 수 있다. 그러므로 두려움과 주저함을 벗어버리고 스스로 선택하기를 시작하라.

때로 인생이 구차하다고 느껴지는 순간이 있다. 특히 많은 여전도사님들이 자신의 인생 전체를 헌신하기까지 혹은 헌신한 이후에도 힘든 삶을 살아야 하는 경우가 많다. 다른 사람들의 삶에 비해 사는 모양새가 그렇다보니 존재 자체도 구차한 것처럼 느껴진다. 마치 시계의 초침처럼 말이다. 초침의 운명은 얼마나 기구한지, 초침이 60바퀴를 돌 때 그제야 분침은 한 바퀴를 돌고 분침이 한 바퀴를 돌 때 시침은 겨우 한 칸을 움직인다. 하루 동안 시침이 겨우 두 바퀴 돌 때 초침은 1,440바퀴를 그 연약한 몸으로 돌아야 한다. 세상에 이처럼 불공평한 일이 또 어디 있겠는가. 그러나 낙망할 필요가 없다. 초침이 움직이지 않는 한 시침은 절대 움직일 수 없다는 것을 기억해야 한다. 때로는 자기 인생이 구차하고 보잘것없어 보일지라도 자신의 존재가 보잘것없지 않다는 것을 명심해야 한다. 그리고 1,440바퀴를 생각하지 말고 그저 지금 한 발, 또 한 발을 내딛는데 열중한다면 현실의 삶이 조금은 수월할 것이다.

서바이벌 체크 ✓

- 하나님께서 나를 주의 종으로 부르신 것을 언제나 확신한다. ☐
- 성도들은 나를 지도자로 확신한다. ☐
- 기도로 매달려야 할 일과 내가 해야 할 일을 구별할 줄 안다. ☐
- 중요한 순간마다 우선순위를 분명하게 나열할 수 있다. ☐
- 준비가 부족하다고 생각해서 시작도 못하고 포기한 일이 있다. ☐

☕ 자신의 사역을 모두 상세하게 나열하고, 그것을 우선순위에 따라 재배열해보라. 자신이 맡은 사역의 우선순위부터 머릿속에 각인되어야 한다.

> 한국 교회에서
> 여 전 도 사 로
> 살 아 남 기

아버지와 맏형의 차이
통으로 보고 길이로 보라
불안해하는 담임목회자 안심시키기

chapter

5

담임목회자의
마음을 읽어라

1 2 3 4 **5** 6 7 8 9 10 11

이번에는 교역자로서 방법론적인 문제를 생각해보려고 한다. 자식을 낳아보지 않고는 부모의 입장을 이해하지 못하는 것처럼, 대부분의 부교역자는 담임목회자가 되어 보지 않는 한 절대로 담임목회자의 입장을 이해하지 못한다. 사장과 직원의 입장이 다르듯이 안타깝게도 담임목회자와 부교역자의 입장이 참 다르다. 원론적으로는 그 양쪽 모두가 참 목자이고 삯군 목자가 아닌 다음에야 모두 같아야 한다고 하겠지만 현실은 늘 그렇지 않다.

    신학대학원 시절에 교회행정학이라는 과목을 수강했다. 약 30여 명 정도가 되는 학생들이 함께 수업했는데, 그 시간들은 나를 적잖이 놀라게 했다. 한 번은 교수님이 담임목회자에 대한 의견을 물은 적이 있었다. 교회행정적인 것을 주로 다루다보니 실제적인 문제들에 대한 논의들이 많이 나왔다. 헌데 원우들의 반응은 실로 전투적이라 할 정도로 분노에 가득 차 있었다.

"노동력 착취입니다."

"이중인격자입니다."

"일방적 희생을 강요합니다."

"너무나도 비합리적입니다." 등등.

그들이 내뱉는 소리에 깊은 감정이 실려 있었다. 그 시간 이후로 나는 원우들의 반응을 주의 깊게 살펴보았다. 과연 자기 담임목회자에 대해 좋게 말하는 사람이 있나 하고 말이다. 그런데 한 명도 없었다. 그 수업에 유난히 그런 사람들만 모였는지, 아니면 그 교단이 그런 분위기였는지는 모르지만 부교역자들의 가슴에 맺힌 불만들은 몇 사람에게만 해당하는 이야기가 아닌 게 분명했다.

왜 이런 일이 있을까. 일단 유난히 비인격적이고 부적격한 사람이 담임목회자라인 경우는 매우 소수일 테니, 그것은 접어두고 말하자. 또한 나는 이 사안에 대해 조금 다른 의견을 가졌기 때문에 그들의 주장처럼 대부분의 담임목회자들이 비인격적이라고 말하고 싶지 않다. 어쩌면 나 자신도 당시 목회자 사모의 위치에 있었고, 주도적으로 사역에 참여하고 있었기 때문에 굳이 가르자면 난 담임목회자의 입장이었을 것이다. 입장 차이 때문이었는지는 모르겠지만, 비판을 넘어서 비난 수준인 말들을 대체로 공감하기 어려왔다. 그렇다면 왜 이런 차이가 생기는 것일까? 대부분은 입장의 차이라고 본다. 어떤 입장의 차이가 있어서 이렇게 담임목회자와 부교역자의 간격을 좁히지 못하는 것일까? 어떤 점이 다를까?

아버지와 맏형의 차이

일단 책임감에서 다르다. 부교역자는 교회를 그만두고 나가면 그만이지만 담임목사는 죽으나 사나 여기서 무덤까지 가겠다는 마음이니 다를 수밖에 없다. 내 목회, 내 양이라는 애착이 부교역자가 가지는 양에 대한 애착과는 차원이 다르다. 물론 부교역자도 최선을 다하고 눈물로 성도를 사랑하는 건 사실이다. 그러나 내 자식처럼, 내 생명보다 더 사랑하는 경우는 많지 않다. 모든 아이들을 내 아이처럼 사랑하고 따뜻하게 대할 수는 있지만 진짜 위기가 닥쳤을 때에는 분명 내 아이와 이웃 아이는 달라진다. 나의 아이를 위해서는 목숨을 버리는 일에 갈등할 필요가 없지만 옆집 아이를 위해서라면 문제가 달라지는 것처럼 말이다.

그렇다고 모든 부교역자들이 남의 자식한테 하듯 성도들을 나 몰라라 한다는 말은 아니다. 다만, 담임목회자의 심정과 본능적으로 다를 수밖에 없다는 입장의 차이를 말하는 것이다. 따라서 담임목회자와 부교역자는 고민의 깊이와 넓이가 다를 수밖에 없다. 부교역자는 일이 잘못되었을 때 변명하기에 바쁘지만, 담임목회자는 어쨌든 벌어진 일을 수습할 대안을 찾기에 바쁘다. 잘못된 일이 정당한 일이었던지 부실한 태도였든지 상관없이 그것보다 중요한 것은 해결할 수 있는 대안이 있느냐는 것이다.

좋은 부교역자가 되기 위해서는 담임목회자의 마음과 의도를 읽는 것이 매우 중요하다. 특히 한국 교회는 그 특성상 더 중요하다. 지금은 교역자 홍수의 시대다. 이미 5만이 넘는 개교회가 존재하지만 모든 교역자들의 꿈은 자기 교회를 담임하는 것이기에 앞으로도 더 많은 교회들이 개척될 것이다.

그러나 현실은 어떠한가? 이 조그마한 땅덩어리에 얼마나 더 많은 교회들을 개척해야 할까? 과잉 공급되고 있는 목회자들이 모두 개척을 한다면 아마 한반도의 땅덩어리는 교회로 남아나지 않을 것이다. 당연히 생존은 더욱 힘들어질 테고, 문 닫는 교회들은 더 많이 생길 것이다. 이러한 악순환의 고리를 선순환으로 바꾸기 위해서는 일평생 부교역자로 헌신하는 사람들이 필요하다. 내 양처럼 내 교회처럼 마음먹고 꼭 최고 지도자의 위치에 서지 않더라도 중간에서 돕는 지도자로서의 사명을 가진 자들도 필요하다. 그래서 양질의 사역들이 조화를 이룰 때 한국 교회가 적절한 수준에서 건강을 유지할 수 있을 것이다. 모두가 지도자가 되어야 한다면 그건 이미 지도자라 할 수 없다. 100만 정예부대라면 그건 이미 정예가 아닌 것처럼 말이다.

결국 각자의 달란트와 그릇에 따라 자신의 적절한 사명을 찾는 것이 필요한데, 이것이 꼭 남녀를 구분할 필요는 없다. 자신의 소명에 맞게 조화를 이루되 누구나 다 담임목회자의 마음으로 그 입장에 서서 바라볼 수 있다면 훨씬 더 조화로운 사역의 장이 열리지 않을까.

신학교를 다닐 때 이런 말을 들은 적이 있다.

"결혼하는 것, 집을 사는 것, 개척하는 것은 제 정신으로는 할 수 없는 일이다."

개척을 해본 사람들은 알겠지만 정말 쉽지 않은 것이 개척이다. 나는 교회성장학을 공부하면서 그리고 개척을 경험해 보면서, 적절한 달란트가 있는 사람이 개척해야 한다는 생각을 떨칠 수가 없다. 목회자라고 해서 모두 개척할 수 있는 게 절대로 아니라는 말이다. 성향이 너무나 내성적이고, 너무나 영성적이고, 너무나 수동적인 사람은 확률적으로 살아남기가 힘들다. 어리석게도 사람들은 '저 사람은 되는데, 나는 왜 안 돼?' 라고 생각한다. 누구나 할 수 있는 영역에서는 그런 질문이 의미가 있지만, 개척이라는 상황은 좀 다르게 봐야한다. 결국 사람은 모두 다 다르기 때문에 어떠한

조건만을 가지고 비교할 수가 없다. 그럼에도 불구하고 담임목회자와 뜻이 맞지 않아서 그 대안으로 개척을 생각한다는 것은 어려운 일을 피하기 위해 더 어려운 일을 선택하는 것이다.

물론 여러 가지 토양의 변화가 필요한 것은 사실이다. 지금보다 더 많은 담임목회자들이 인격적으로 부교역자들을 대해야 하고, 또 그들이 때에 따라서는 평생 부교역자로 남아도 부끄럽지 않게 사역했다고 자부할 만큼의 터전과 장래의 보장을 해주어야 한다. 그러한 토양과 신뢰가 마련되어야 달란트가 있건 없건 모든 사람이 개척하겠다고 나서지 않고 다양한 진로를 선택할 수 있다.

하지만, 시대가 바뀌고 토양이 바뀌는 데 걸리는 시간은 너무 멀고 길다. 그것을 기다리다보면 내 사역의 시간들은 이미 다 지나가 버릴 것이다. 그렇다면 또 같은 원리다. 환경이 바뀌지 않는다면 내가 바뀌는 것이 가장 빠른 길이다.

내가 담임목회자를 읽을 수 있는 유능한 부교역자가 된다면 내 그릇이 커진다. 그리고 때론 그것이 나로 하여금 담임목회자가 될 수 있는 가능성을 만들기도 한다. 그렇다면 어떻게 가능하겠는가? 주인 된 입장에서 생각하는 것, 책임을 가진 아비의 입장에서 생각하는 것이 방법이다.

연말에 멀쩡한 보도블럭을 뜯어내는 것을 보면 우리는 뭐라고 하는가? "저거, 시 예산이 남아서 연말에 돈 쓰려고 난리구먼."하며 혀를 찬다. 한심한 일이다. 그런데 그런 일들이 교회에서 아주 자주 일어난다. 주일학교나 기타 부서에서 예산을 올릴 때 자체적으로 삭감해서 올리는 경우가 얼마나 되는가? "우리는 이렇게까지 필요 없습니다."라며 말이다. 대형교회일수록 이런 현상은 더욱 심하다. 많은 대형교회의 부서들은 자신들의 예산을 모두 쓰기 위해 연말이 다가올수록 때로는 돈을 더 헤프게 쓰는 경우가 있다. 왜냐하면 돈이 남으면 다음해 예산을 책정할 때 삭감될 수 있기 때문이다. 만약에 교사들이 회식으로 몇 만 원짜리 식사를 했다면 당신은 어떻게 하겠는가? 담임목회자라면 말이다.

이런 상황이 벌어져서 재정 보고에서 지적을 받게 되면 부교역자들은 대체로 변명을 하기에 바쁘다. 그럴만한 상황이었다고 장황하게 설명한다. 그러나 그건 지혜롭지 못한 태도다. 재정을 사용하는 내역을 자세히 살펴보면 때로는 학생들을 위해서 쓰는 돈보다 교사들을 위해서 쓰는 돈이 훨씬 많은 경우도 본다. 주객이 전도된 것이다. 아마도 이 책을 읽고 있는 당신도 어쩌면 그럴만한 이유들을 머릿속에 나열하고 있는지도 모른다. 그렇다면 당신은 담임목회자의 입장에 서지 않은 사람이 분명하다. 그것이 다르다. 내 돈을 쓰는 것과 받은 돈을 쓰는 것의 차이. 그 차이가 생긴다.

한번은 이런 적이 있었다. 내가 새가족부를 담당하고 있을 때, 교역자 회의 시간에 담임목사님이 재정을 헤프게 쓰는 부서가 있다며 간단하게 지적을 하셨다. 한 달쯤 후에 또 다시 그런 지적이 같은 부서에서 나왔다. 당회에서 장로님들이 재정보고를 받고는 문제점을 지적한 것이다. 물론 그 교회는 작은 교회도 아니었고 재정이 부족한 상황도 아니었다. 하지만 낭비로 비쳐질 수 있는 부분이 있었다. 처음 지적이 나왔을 때 나는 곰곰이 생각을 해보았다. 내가 만약에 주도적으로 헌금하는 성도라면, 그리고 봉사를 한다면, 헌금이 어떻게 쓰이길 기대할까 하는 것이었다. 그리고 교회가 지속적으로 재정적인 문제에 관심을 두고 주시한다는 것을 알았다. 물론 내 부서가 지적을 받지는 않았지만 교회는 동일한 기대와 기준을 모든 부서에게 원할 것이 분명했다. 중요한 것은 그래서 나는 무엇을 어떻게 시정해야 교회가 원하는 기대에 부응하는 것일까였다.

성도들의 입장에서 고민해본 후 그 주간에 있는 전체 봉사자 모임에서 새로운 결정을 발표했다. "우리 부서는 오늘부터 새가족을 위한 것 이외의 봉사자 자체를 위한 보조금 액수를 전면 줄이겠습니다. 전체회의를 위해 준비하는 천 원짜리 떡 대신에 500원짜리 빵을 준비해주십시오. 그리고 1인당 7천 원씩 나가던 팀별 단합대회 식사지원금을 5천원으로 줄이겠습니다. 우리에게 쓰는 돈을 줄여서 새로 오는 가족들을 위해 보다 양질로 섬기도록 하겠습니다. 우리가 쓰는 이 재정에는 제 헌금도 들어있습니다. 저는 제 헌금이 더 보람되게 쓰이길 바랍니다."라고 말이다. 집에서 먹을 만큼 먹고 다니는 사람들이니 굳이 교회에서 좋은 것 많이 안 먹어도 되지 않겠느냐, 우리의 목적은 새가족을 섬기는 것이니 우리의 헌금을 아껴서 더 보람된 일에 쓰자며 자체적으로 예산을 삭감하였다. 반응은 예상외로 무척 좋았다.

교역자들이 간혹 혼동하는 것이 있다. 성도들을 잘 대접하면 성도들이 좋아할 거라고 생각한다. 하지만 잘 대접받고 웃고 떠나지만 뒤에서 욕할 수도 있다는 것을 모른다. 왜냐하면 그 돈이 결국 자신들이 헌금한 돈이기 때문이다.

이러한 조치에는 두 가지 포인트가 있었다. 하나는 현 재정지출에 대해 문제의식을 가지고 있다는 정보였고, 또 하나는 그렇다면 어떤 관점으로 조정을 해야 정답이 될까였다. 담당자인 내 입장에서 조정하는 것이 아니라 담임목회자의 입장, 즉 교회의 입장과 궁극적으로 성도들의 입장에서 시각을 조정했기 때문에 그 액수의 많고 적음을 떠나서 조정 작업의 잣대가 설득력을 가졌다.

두어 달쯤 지나서 연말 사역보고를 했는데 의외의 평을 얻었다. 당회가 새가족부에서 올리는 예산은 볼 필요도 없이 통과시킨다는 말이었다. 만약 그 소문이 사실이었다면 그것은 예산의 액수 때문이 아니라 예산 집행의 기준 때문이었을 것이다. 평가의 진위를 떠나서 너무도 감사한 건 성도인 봉사자들과 당회와 담임목회자에게 신뢰를 얻었다는 점이었다. 담임목회자가 읽으려고 하는 것은 대부분 성도의 마음과 입장이다. 그래서 성도의 마음을 읽으면 곧 담임목회자의 마음을 읽는 것이기도 하다.

통으로 보고 길이로 보라

담임목회자와 부교역자가 다른 점은 또 무엇일까? 통전적 사고가 다르다. 다른 말로 표현한다면 시스템적 사고가 다르다고 하겠다. 담임목회자는 전체를 보고, 또 볼 수밖에 없다. 그러나 부교역자는 자신이 맡은 부서와 역할에만 집중하기 때문에 어쩔 수 없이 사고가 단선적이다. 자신이 하는 일의 열매에 집중하다 보면 때로는 다른 일과 상충되는 경우를 생각하지 못한다. 일반적으로 교역자 회의 시간에 부교역자가 담임목회자의 의도를 파악하지 못하는 것은 이처럼 통전적 사고를 읽어내지 못하기 때문이다.

때로 교역자들과 함께 있다 보면 담임목회자에 대해 불만을 토로하는 경우를 본다. 그런데 불행인지 다행인지, 난 그들의 의견에 대체로 동의할 수가 없었다. 왜냐하면 그들이 불평하는 내용이 담임목사로서 옳은 결정이라고 보였기 때문이다. 여러분은 교역자 회의 시간에 봉창 두드리는 소리만 하는 교역자를 본 적은 없는가.

아니 때로는 내가 그런 사람은 아닌가. 그렇다면 사고의 패턴을 바꿔야 한다.

통전적 사고, 시스템적 사고란 무엇일까. 세기의 전략가라로 불리는 지식경영이론가 셍게 교수는 조직을 경영할 때 구성원들이 시스템적인 사고를 할 수 있어야 하고 그렇게 하기 위해서 교육이 필요하다고 피력했다. 물론 교회와 기업은 엄연히 다르다. 그럼에도 불구하고 유기체적인 조직으로서 교회는 사회 조직과 많이 유사하다. 어쩌면 영적인 조직이라는 미명하에 너무도 담을 쌓고 발전하기 않았기에 오늘날과 같은 문제점들을 안고 있는지도 모른다.

여기서 말하는 시스템적인 사고란 단기적인 성과만을 강조하고 그 결과를 얻어내려는 조직은 결국 많은 낭비를 한다는 것이다. 일을 너무 단선적으로 이해하고, 작게 분해해서 순간적인 반응을 하는 것은 전체의 기능을 장기적으로 저하시킨다. 그래서 시스템 전체를 이해하도록 유도해야 한다는 것이다.

이미 오래 전부터 분업화라는 이름으로 모든 일을 나누어서 하는 것이 효율적이라 생각하고 조직을 이끌어 왔다. 당연히 필요한 일이다. 그러다 보니 부교역자들은 전체를 보지 못하고 늘 파편만을 보다 부서 이기주의에 빠지고 만다. 물론 가장 큰 문제는 그들이 담임목회자가 되었을 때 제일 치명적으로 드러난다.

담임목회자가 되면 그 위치 때문에 어쩔 수 없이 전체를 보게 된다. 그래서 이해의 폭을 넓혀 통으로 이해하고 길이로 이해할 수밖에 없다. 즉, 사안을 통합적으로 이해하고 진행하는 과정을 미래 지향적 시각으로 이해하게 된다. 그래서 지금 당장이 아니라 앞으로 어떻게 될 것인지, 그리고 그것이 전체에 어떤 영향을 미칠 것인지, 각 파편들은 상호 어떤 영향력을 주고받을 것인지를 생각하게 되는 것이다.

물론 보이는 사역에서는 모두가 담임목회자가 될 필요는 없다. 주어진 일에 기대치만큼의 열매를 거두고 성심 성의껏 사역을 하면 그보다 더 충성스런 일꾼은 없을 것이다. 그러나 실제 사역을 해보면 주어진 일이 중고등학교 수학 문제처럼 '여기서부터 여기까지 풀어봐' 하는 성격의 일은 그리 많지 않다. 대부분의 일들은 알아서 판단하고 결정해야 하는데, 그러한 판단과 선택의 기준이 되는 것이 바로 담임목회자의 의도다. 그것을 전혀 읽지 못할 때 잦은 실수와 엉뚱한 소리, 반복되는 책망이 따른다. 심각한 것은 그 책망의 의미를 전혀 깨닫지 못하고 똑같은 실수를 반복한다는 것이 문제다.

혹시 당신은 주어진 사역에 열심을 낸다는 이유로 다른 부서와 마찰을 일으키거나 다른 부서보다 못한 대접을 받는다고 마음 상한 적이 있는가? 담임목회자에게 혼나지 않을 일을 혼났다고 생각해 섭섭하고 마음이 상한 적은 없는가? 필요이상 내가 맡은 일이나 부서를 부각시키기 위해 노심초사하지는 않는가? 담임목회자가 교역자 회의시간에 똑같은 말을 오랜 시간 반복하며 안타까워하고 있지는 않는가? 그렇다면 뒤돌아봐야 한다. 내가 자기 우물에 갇혀 다른 것을 보지 못하고 균형을 상실하고 있을 가능성을 생각해야 한다.

우리 부서는 다른 부서와 잘 협조가 되는지, 우리 부서가 어떤 방향으로 나아가야 교회 전체에 좋은 영향력을 미칠 수 있는지, 지금 담임목회자는 우리 부서가 어떻게 되어가기를 기대하고 있을지 등등을 먼저 생각하고 고민해보라. '담당'이라는 우물에서 나와 다른 우물을 모두 포함한 전체 들판을 바라보라. 그리고 그것을 늘 바라보며 고민하고 있을 담임목회자의 마음을 헤아려보라. 그럴 수 있다면 그 모든 유익은 바로 교역자인 당신의 그릇이 넓어지고 유능해지는 혜택으로 돌아가게 될 것이다.

불안해하는 담임목회자 안심시키기

교역자 생활을 시작하고 동료들을 보면서 가장 이상하게 여긴 것은 중간보고를 하지 않는다는 점이었다. 담임목회자의 성향에 따라 필요 여부가 다를 수 있다. 그러나 담임목회자의 성향과 관계

없이 동일한 것이 하나 있다. 그것은 어떤 사역이 진행되고 있을 때, 그 일이 잘 되어가는지 문득문득 마음이 쓰이고, 완전히 마쳐서 결과가 나올 때까지는 깨끗이 잊는 경우가 없다는 것이다.

직장생활을 해본 사람들에게는 사실 기본적인 것이 교역자들에게는 생소하고 불필요한 것처럼 보이는 일이 많다. 그러나 실은 불필요하다고 본인들이 우겨서 그렇지, 일을 하는 데는 모두 필요하다. 담임목회자는 교회의 모든 일을 혼자서 다 할 수 없기 때문에 일을 나누기 위해서 부교역자를 고용한다. 마음 같아서는 혼자서 다 하고 싶지만 그럴 수 없기 때문에 교회가 커질수록 더 많은 부교역자들을 청빙한다.

일을 맡겼다고 담임목회자가 그 일에 관심이나 나름의 의견이 없겠는가? 이미 분업이 되어서 그렇지 그 일에 대한 담임목회자의 입장이나 관점은 분명히 있다. 그럼에도 불구하고 그것을 때론 강요하거나 미리 언급하지 않는 이유는 자율성을 잃어버리고 주눅이 들어서 오히려 일을 더 그르칠까 하는 마음에서다. 어떤 목회자는 일일이 모든 일을 가르쳐주면서 부교역자를 지도하는 사람도 있지만, 어떤 목회자는 그저 알아서 하도록 넘겨주는 경우도 있다. 하지만, 어떤 경우라 할지라도 자율권을 준다는 것이 담임목회자는 전혀 몰라도 된다는 것을 의미하지는 않는다.

이 부분을 착각해서 부교역자들은 일을 시작할 때만 알리고 마지막까지 함구하는 경우가 있다. 물론 이유는 여러 가지다. '뭘 이런 거까지······.' 하면서 번거롭게 하기 싫어서 그런 경우도 있고, 혹은 '한번 깨질 거 중간에 또 깨질 필요 있나.' 하는 경우도 있다. '제대로 해서 보여드려야지.' 하고 선한 욕심을 부리는 경우도 있다. 하지만 모두 바람직하지 못한 경우다.

담임목회자는 생각할 것이 엄청나게 많은 존재다. 그 종류도 다양할 뿐만 아니라 그 일의 무게도 크다. 그리고 개별적인 성도들의 요청까지 합치면, 그야말로 머릿속이 시원하게 정리되는 날이 없는 위치다. 그런데 일을 하면서 더 짐스러운 것이 뭔지 아는가? 맡겨놓은 일들이 안심이 안 되어서 맡겨 놓았는데도 담당자나 마찬가지로 마음을 쓰고 있어야 한다는 것이다. 이런 형국이 되면 담당교역자가 맡아 일하지만, 걱정을 덜지 못한 담임목회자가 똑같이 그 일을 머릿속에 담고 무거워하게 된다.

입장을 바꿔 생각해본 적이 있는가? 부교역자들 중에 내 마음처럼 믿을 만한 사람이 몇 명이나 될 것 같은가? 자신이 담임목회자라 생각하고 솔직하게 돌아보라. 과연 몇 명이나 될까? 정말 운 좋은 담임목회자에게 마음에 맞는 교역자가 한명 있을까 말까다. 대부분의 담임목회자들에게 그런 부교역자는 정말 찾기 어려운 보배와 같은 존재다.

그렇다면 부족하지만 그래도 이정도면 무난하다고 해서 데리고 있는 부교역자가 대부분일 텐데 그들에게 맡겨놓은 교회의 중요한 일들을 "이제 이 일을 맡겼으니 나는 완전히 잊어도 되겠지? 무척 잘 될 거야. 걱정 없어! 난 마음 편하게 다른 일이나 보자."라고 할 담임목회자가 도대체 몇 명이나 있겠는가? 난 거의 없다고 본다. 시어머니가 며느리 눈치 보듯 말하고 싶어도 못하고, 때론 참견하고 싶어도 못하는 경우도 많을 것이다. 혹은 왜 똑바로 일을 못하냐고 질책을 하고는 속으로는 또 얼마나 마음이 상하겠는가? 담임목회자의 짐을 덜고 마음을 편하게 하는 것은 부교역자의 의무이다. 그런 면에서 중간보고는 매우 중요하다.

게다가 결국 일을 마지막에 그르치는 가장 중요한 요인이 뭔 줄 아는가? 중간에 조정하지 않았기 때문이다. 중간보고라는 과정을 통해 일의 진행이 담임목회자의 의도와 맞는지 점검하지 않았기 때문이고, 혹은 담임목회자의 조언에 따라 수정하여 더 좋은 열매를 맺을 수 있는 기회를 놓쳤기 때문에 수습할 최소한의 시간도 없이 일을 망치게 되는 것이다.

그럼 어떻게 중간보고를 하는가?

만약에 ≪새 친구 초청 잔치≫를 주일학교에서 기획했다고 하자. 행사를 진행하면서 예상했던 지출, 예상했던 인원, 홍보 효과 등이 있을 것이다. 그것이 처음과 다르든지 같든지 상관없다. 다를수록 더 보고해야 한다. 아무런 차질이 없다 하더라도 "몇 월 며칠 현재 어떠한 일들이 진행 중입니다. 생각보다 홍보가 덜되어 인원이 많지 않을 것 같습니다." 등등 간지가 나왔다면 간지도 보여드리고, 앞으로 어떤 일이 예상되는지 등을 보고하면 된다.

이렇게 중간보고를 할 경우 많은 유익이 있다.

첫째는 담임목회자가 안심할 수 있다. 진행 상황을 알기 때문에 대략 결과를 예상할 수 있고, 그래서 그 일을 머리 속에서 잊고 다른 일을 할 수 있다. 서로 눈치 보며 참견과 침묵 사이에서 실랑이할 필요가 없다. 둘째로 만약에 문제가 생겨도 이미 담임목회자가 알고 예상한 일이기 때문에 오해가 없고 책망이 적다. 셋째로는 경험이 많은 담임목회자의 적절한 조언을 들을 수가 있다. 상황을 모르면 조언할 수도 없다. 그러나 상황을 알면 의도에서 벗어났을 경우 작은 조정을 통해 시행착오를 줄이고 궁극적으로 좋은 열매를 맺게 된다.

한번 시도해보라. 담임목회자가 답을 주건 주지 않건 간에 메일이나 서면을 이용해 진행 상황을 보고해 보라. 훨씬 신뢰도 얻을 뿐 아니라 궁극적으로 담임목회자를 안심시켜 다른 일에 매진할 수 있도록 돕는 시너지 역할을 하게 될 것이다.

서바이벌 체크 ✓

- 나는 담임목회자 입장에서 생각하는 데 익숙하다. ☐
- 담임목회자가 강단에 있을 때 필요한 것이 없는지
  늘 그를 주목한다. ☐
- 지적을 받으면 내 잘못을 마음으로 시인하고 잘 받아들인다. ☐
- 일을 할 때 교회 전체의 영향력을 생각하며 일한다. ☐
- 나는 담임목회자가 묻기 전에 중간보고를 하는 편이다. ☐

☕ 담임목회자에게 빈번히 책망 듣는 부분은 무엇인가? 왜 그 일이 반복되고 있는지 깊이 생각하고 적어보자.

....

....

....

....

....

한국 교회에서
여 전 도 사 로
살 아 남 기

모든 것을 시간 길이로 사고하라
빈 그릇을 준비하지 않았다면

chapter

6

미래를 예측하면
유능해진다

1 2 3 4 5 **6** 7 8 9 10 11

어려워 보이지만 생각보다 쉬운 것이 미래를 예측하는 일이다. 미래를 예측하는 것은 작은 습관만 고쳐도 쉽게 얻을 수 있다. 꼭 무슨 신통력이 있어야 할 수 있는 것이 아니다. 그저 잠깐 앉아서 생각하면 얻을 수 있다. 성공적인 사역을 위해 미래를 예측하는 일은 매우 중요하다. 이렇게 미래를 예상하면서 사역을 하려면 무엇보다 사역을 시간적 길이로 이해하는 것이 필요하다.

모든 것을 시간 길이로 사고하라

교역자라면 모두 수첩을 가지고 있을 것이다. 보통 수첩은 주간

단위로 사용하거나 한 달 단위로 나누어진 것을 많이 사용한다. 그래야 그 달에 계획된 일을 잊지 않기 때문이다. 하지만 미래를 예측하기 위해서는 조금 더 긴 시간개념이 필요하다.

가장 우선적으로 바꾸어야 하는 습관은 연말이 되기 전에 다음 해에 일어날 일들을 정리하는 것이다. 10월 정도면 좋지만 11월 정도도 괜찮다. 왜 10월이 좋은가 하면, 그때에 내년도에 예상되는 사역의 패턴을 짜놓아야 교회에 내년도 사역보고를 할 때도 좋고 또 연말에 해야 할 일들에 대한 예상 조정을 할 수 있기 때문이다.

아마 어떤 교역자는 연말에 보고하는 내년 계획안이 있으니 다 되었다고 할지도 모르겠다. 그러나 천만에 말씀이다. 형식적으로 짜서 보고하는 내용이 실제로 실효를 거두는 내실 있는 계획이 되라는 보장은 없다. 내 인생 플랜, 즉 내 수첩 속에 내 일로 계획되고 들어와야 내 일이요 내 인생이 되는 것이다. 교회의 사역뿐만이 아니라 나 자신에 대한 여러 가지 계획들도 미리 생각하고 계획하는 것이 좋다.

이렇게 한 해 해야 할 일을 미리 정리하기 위해서는 연간 12개월이 모두 한 눈에 보이는 달력이 필요하다. 수첩이나 다이어리에 기록할 만한 달력을 구입하지 못했을 경우에는 컴퓨터로 직접 만들어 인쇄하여 사용하기도 한다. 연력을 크게 한 장, 그리고 월별 칸을 나눠 날짜를 기입하고, 만든 계획표는 책상 앞에 붙여놓고 보완하면서 사용할 수 있어서 좋다.

1. **월별로 해야 할 중요한 사역들을 정리해서 예상되는 날짜 위에 기록한다.**
그 사역 혹은 행사에는 기존의 중요한 사역도 있을 것이고 또 새로 기대하는 일에 대한 신규 아이디어도 있을 것이다. 이때 자기가 담당한 고유의 사역은 붉은 색으로, 전체 교회의 중요한 사역은 파란 색으로, 개인적인 것은 검정 색으로 등등 한 눈에 구별되게 정리하면 도움이 된다.

실제로 계획을 짜는 일은 실행하는 일보다 훨씬 중요하다. 그리고 나는 해마다 이 계획 가운데 얼마나 하나님께서 크게 일하시는지를 실제로 많이 경험했다. 기도하는 마음으로 계획을 짜기도 하지만, 때론 그저 나의 생각과 기대를 담아 계획했던 내용들이 시간이 지나 그 해 연말이 되었을 때, 지난 한 해의 사역들을 돌아보면 하나님께서 면밀히 매 달마다 나의 계획 가운데 놀랍게 도움과 예비하심으로 동행하셨음을 깊이 체험하며 놀라곤 한다.

마치 기도제목들을 노트에 기록하고, 응답된 내용을 확인하면 하나님께서 얼마나 많은 기도제목들을 들어주셨는지 확인할 수 있는 것처럼 나에게는 사역과 관련된 계획들이 늘 그랬다. 그래서 때론 정말 거룩한 마음으로 비전을 꿈꾸며 계획을 짜기도 한다. 그리고 그 일에 하나님께서 일해주실 것을 기대하면서 새 힘을 공급받

기도 한다.

이처럼 교회의 사역과 나 자신을 위해 다음해의 계획과 새로운 아이디어를 기록하는 것은 매우 중요하다. 이제 그렇게 '해야 할 일들'을 기록했다면, 그 다음에 할 일이 있다.

2. **사역 혹은 행사를 치르기 위한 준비 기간을 역으로 산정해서 그 첫날을 기록한다.** 우리는 보통 날짜를 기록할 때 그 행사가 있는 당일만 기록한다. 그러나 그것 때문에 미래를 예상하는 일을 못하게 된다.

예를 들어서 새 친구 초청 잔치가 5월 5일에 있다면 그 행사를 준비하기 시작해야 하는 날을 계산해서 기록해 놓아야 한다. 만약 기획 단계에서부터 한 달이 걸린다고 생각한다면 기록한 행사 당일에서부터 한 달 전의 날짜 4월 5일에 ≪새 친구 초청 잔치 준비 시작≫이라고 기입을 해 놓아야한다. 만약에 이러한 행사들을 기획하는 단계에서 교역자 회의시간을 통해서나 담임목회자에게 보고와 허락이 떨어져야 하는 시간이 필요하다면 그러한 내용도 계산하고 통과하는 데 필요한 시간을 감안해서 기록한다. 예를 들어 3월 20일 ≪새 친구 초청 잔치 기획서 제출≫이라고 기록해야 한다. 그렇지 않으면 일상적으로 월별 계획만을 보기 때문에 타이밍을 놓치기 일쑤다. 그 달이 끝나갈 때 달력을 넘겨보고서야 '아차!' 싶어지는 것이다. 이미 준비해야 할 타이밍을 놓치고 급하게 준비해서 허둥지둥 행사를 치르고 만다.

따라서 설령 내가 달력 넘겨보는 것을 잊는다 하더라도 기억할 수 있도록 행사 당일이 아닌, 준비를 시작하는 날을 기록해 놓는 것이 중요하다.

3. 각 행사마다 정한 기간 안에서 다시 세부적으로 필요한 업무들을 시간 단위로 나누어 정리한다. 연말에 모든 것을 세부적으로 정리할 필요는 없다. 연말에는 대략적인 시간을 마치 알람 설정해놓듯 달력에 정리해 놓으면 된다. 그 이후에 이제 각 사역의 기획을 해야 하는 때가 되었다면 그 때부터 세부적인 업무를 시간 단위로 나누어 정리한다.

앞의 예로 설명해 보자.

3월 1일이 되어 달력을 펴면 3월 20일 ≪새 친구 초청 잔치 기획서 제출≫이라는 메모가 보일 것이다. 그럼 아마도 최소한 3-4일 전에는 실제 내용을 정리해나가야 한다. 이 때 해야 하는 일만 정리하는 것이 아니라, 세부적인 일들을 시간으로 계산해 기입해 놓아야한다.

예를 들면 다음과 같다.

- 초청 잔치를 위한 홍보 : 4월 둘째 주간부터 마지막 주일

- 봉사자 인원 동원 : 4월 5일 ~ 4월 15일
- 홍보를 위한 간지 제작 : 4월 첫째 주 금요일까지
- 현수막 제작 : 4월 둘째 주 목요일까지
- 교회 내 장소 섭외 : 3월 마지막 주 교역자 회의 시 협의
- 행사를 위한 정기회의 : 4월 첫째 주 주일 오후부터 4주간
- 친구를 위한 선물제작 : 4월 넷째 주 토요일까지

　더 많이 있겠지만 이런 식으로 계산을 해서 달력에 기록을 해놓고 행사를 진행하면서 체크해 나가는 것이다. 이렇게 미리 날짜별로 기록해 놓고 진행을 하면 깜박 잊어버려서 행사 준비로 허둥지둥하는 일은 없다. 사역을 하다보면 여러 가지 일들이 겹쳐서 제정신이 아닌 경우가 다반사다. 교회의 사역이라는 게 나만의 단독 사역만이 있는 것이 아니라 항상 모든 일들에 걸쳐서 일하기 때문에 우리의 기억력을 믿기에는 일이 너무 많다.

　지금까지 해야 할 일들을 중심으로만 기록했었다면, 이제 해야 할 일들을 시간 속으로 집어넣는 일을 시작해보라. 그렇게 하면서 계속해서 시간 개념을 훈련해야 한다. 해야 할 일을 시간 속으로 넣고 진행하다보면 순서적으로 먼저 해야 할 일과 나중에 해야 할 일들이 구분된다. 그러면서 우선순위가 생기고 생각보다 점점 완성도가 높아지는 것을 경험할 것이다.

4. 내 사역만이 아닌 공동의 사역에 대한 시간 개념을 가지고 정리한다. 내가 담당한 사역만이 아니라 교회적으로 필요한 교회력이나 중요한 행사 일정들에 대해서 미리미리 기억해 주는 사람이 있다면 그 사람은 담임목회자에게 보배 같은 사람이다.

큰 교회가 아니라면-때론 큰 교회도 그런 일이 있지만- 절기 봉투를 깜박 잊어서 당일 주보 사이에 끼우지 못한 기억이 있을 것이다. 이런 일들은 중소형 교회에서 빈번히 일어나는 일이다. 왜냐하면 오랜 경력을 가진 사무장이나 사무직원이 없고, 교회 자체도 봉사자들도 교역자들도 아주 노련한 사람들이 아니라면 시간계산을 못하고 잊어버리기 일쑤이기 때문이다. 잘 알지 않는가? 누구도 기억하지 않는 사소한 일인데 펑크나면 무지 창피한 일들 말이다. 어느 주일날 갑자기 헌금 주머니가 모자라 당황했는데, 나중에 찾아보니 다른 부서에서 사용하고 돌려놓지 않았다거나, 예배가 시작되었는데 깜박 잊고 목사님 물을 떠놓지 않았다거나, 세례날짜가 다가오는데 미리 광고하지 않아서 급하게 일정을 늦추게 되는 일 등 말이다.

두 가지 방법이 있다. 위와 동일한 방법으로 절기나 행사마다 미리 준비를 시작하는 날짜를 기록해 놓는 것이다. 내 부서의 일이 아니라 하더라도 교회에서 함께 진행하는 일이라면 모두 말이다. 또 한 가지의 방법인데, 내게는 매우 유용했던 방법이다.

교역자 회의 시간에 담임목회자가 던지는 아이디어나 제안들을 월력에 미리 기록해 놓는다. 예를 들어 가을에 새생명 축제를 했는데 그것을 마치고 목사님께서 지나가는 말로 "내년에는 한 5월쯤에 새생명 축제를 하는 게 좋겠네," 했다고 치자. 그러면 내 수첩에 4월 초에 '새생명 축제를 고려할 것'이라고 기록을 해 놓는다. 물론 그 이후 나 자신도 잊어버리지만 내년이 되었을 때 그 기록을 보고 "목사님, 작년에 올해는 봄에 새생명 축제를 하는 게 어떻겠냐고 말하셨습니다. 어떻게 하시겠습니까?"라고 묻는다면 이보다 더 사랑스러운 교역자가 있겠는가. 말하자면 일종의 '이삭줍기' 같은 것이다. 교역자 회의시간에 담임목회자가 그 때 그 때 하는 말들을 기록했다가 그것을 실행하는 것이다. 그리고 시간이 지나서 그것을 실행할 수 있도록 기억하게 하는 일이다.

담임목회자는 우리보다 훨씬 더 많은 일로 시달리는 사람이다. 그렇다면 부교역자보다 더 많이 잊어버리게 되고, 하지 못하고 남아 있는 일들 때문에 늘 마음이 쓰여 불편해지는 위치이다. 담임목회자를 편하게 해줄 수 있는 가장 좋은 방법은 바로 이런 '이삭줍기'로, 그냥 아쉬운 마음으로 말하고 깜박 잊은 것을 누군가가 기억해서 실행해 주는 것, 그리고 마음 쓰이는 일을 누군가가 책임감 있게 기억하고 실행해주어서 마음 편하게 일할 수 있게 돕는 것, 그것이 부교역자가 해야 할 일이다.

5. 다른 부서들이 하는 사역들과 함께 시너지 효과를 낼 수 있는 것은 없는지를 점검한다. 교회 사역들은 커뮤니케이션이 매우 중요하다. 헌금이라는 소중한 자원을 사용해야 하고 또 자칫 겹치면 식상해질 우려가 많은 것이 교회 사역이기 때문에 겹치기 행사는 주의해야 한다. 따라서 다른 부서들과 함께해서 시너지를 낼 수 있는 것은 없는지를 항상 돌아보는 것이 좋다.

한 예로 나는 새가족부를 운영할 때 기존에 없었던 초신자를 돌보는 팀을 새로 구성하기를 원했다. 기본적으로 새가족을 돌보는 바나바들은 있었지만 초신자를 돌봐야하는 팀은 영접을 시킬 수 있는 사람들로 구성되어야 했다. 새가족 봉사는 시간적으로는 많은 비중을 두지 않는다는 장점 때문에 다른 사역을 하는 평신도들도 부담 없이 겸임할 수 있었다.

그래서 생각해 낸 것이 전도폭발팀의 구성원들 중에서 초신자들을 위한 봉사를 원하는 사람들을 선발하는 것이었고 구성원의 반 정도를 거기에서 지원받았다. 물론 초신자들을 데리고 전도하는 것은 아니었다. 기본적으로 간단히 사영리를 통해 영접을 확인했지만 초신자가 원하는 경우, 또 교역자가 꼭 필요하다고 생각되는 경우 따로 만나서 전도폭발의 과정을 실행하기도 했다. 그리고 새가족의 봉사자가 되지 않아도 전도폭발팀 담당 교역자와 협의하에 우리 쪽에서 필요가 있을 경우 지원을 해주기로 하였다.

이는 서로에게 시너지 효과를 주었는데 어차피 전도폭발팀에서도 실습을 위한 전도대상자가 늘 부족했기 때문이다. 그들은 적절한 대상자를 공급받을 수 있었고, 새가족부에서는 훈련받은 사람들을 통해 전문적인 영접 확인과정을 제공받을 수 있었다. 혹은, 개별 부서에서 진행하던 행사를 연합해서 하는 경우도 여러 면에서 시너지를 낼 수 있다. 합칠 경우 재정적인 규모도 더 커지고 인원 동원도 더 많아지기 때문이다. 사역과 행사의 성격에 따라 이런 유연성을 발휘하면 도움이 된다.

6. 각 행사들을 치를 시기의 계절을 예상해본다. 장마가 올지, 태풍이 올지, 날씨가 추워서 야외행사가 가능할지, 대체할 수 있는 장소섭외는 가능한 시기인지 등을 고려한다. 한 번은 이런 일이 있었다. 봄에 아이디어를 내서 11월에 진행하기로 한 행사가 있었다. 나름 참신한 아이디어였고, 예상되는 열매도 매우 긍정적이었다. 그 행사의 한 부분으로 각 부서별 사역에 대한 사진 전시회가 준비되어 있었고 교회에서 처음 시도하는 것이어서 기대가 컸다. 그런데 막상 11월이 되어 문제가 생겼다. 날씨가 갑자기 추워진 것이었다. 다른 교회들에 비하여 마당을 잘 활용할 수 있다는 장점이 있었지만 추운 날씨에는 장사가 없었다. 칼바람이 몰아치자 사람들은 추운 나머지 어디든 실내로 들어가기에 바빴다. 바람이 불어서 전시물들은 자꾸 넘어지려했고

사진은 바람에 날렸다.

  사람은 습관적으로 지금 느끼는 대로 상상하게 된다. 그래서 기획당시가 따뜻하면 추위 걱정은 미처 생각하지 못하는 경우가 많다. 그때는 한국 날씨 11월이면 눈도 올 수 있다는 생각을 미처 하지 못했었다. 만약 예상했더라면 실내 장소를 확보했을 것이다.

  이처럼 외부를 장소로 사용할 경우는 비나 눈이 올 경우 혹은 날씨가 너무 덥거나 추울 경우 어떻게 할 것인가에 대한 대안을 반드시 생각해야 한다. 그리고 같은 시기에 다른 부서에서 큰 행사가 없는지도 고려해야 한다. 때론 양쪽 모두에게 예상치 못한 반쪽짜리 행사가 될 수도 있기 때문이다.

  가끔 대형교회에서는 주일학교부서와 장년부서가 따로 교역자회의를 진행하기도 한다. 그래서 전혀 예상하지 못했는데 주일학교에서 정기적으로 잡힌 큰 행사가 있는 것을 모르고 장년부서에서 또 행사를 준비하기도 한다. 그러므로 늘 교역자 간 의사소통을 잘해야 하고 특별히 인원동원에 예민한 행사를 기획한다면 그 때의 상황을 면밀히 예측해야 한다.

  7. 지난해의 자료와 피드백 내용을 찾아보고 수정 보완할 점들을 기입한다.
항상 습관을 들여야 하는 것이 하나의 사역을 마무리하고 그것에 대한 자료를 정리하고 그 평가서 즉, 피드백을 받아놓는 것이다.

보통은 오랜 기간 준비하고 애쓴 사역일수록 그 사역이 끝마치고 나면 손을 탁 놓고 털어버리고 싶어진다. 그리고는 한쪽에 처박아 놓고 휴식을 취한다. 휴식과 전환은 꼭 필요하지만 아주 잠깐만 내려놓는 것을 늦춘다면 다음해에 훨씬 좋은 사역을 할 수 있다.

위의 예를 다시 사용해보자. 새 친구 초청 잔치를 잘 마쳤다고 가정해보자. 그렇다면 그것을 준비하는 과정에서 여러 종류의 기록물들이 남을 것이다. 목사님께 올렸던 기획서, 회의를 위해 준비했던 보고 내용들, 회의 결과들, 내가 만들었던 행사 진행 시간계획표, 봉사자 명단 및 연락처, 간지와 현수막, 사진과 섭외명단. 예산 진행 내역 등등. 이러한 내용들을 낙서 하나도 버리지 말고 비닐파일 하나를 만들어서 모두 스크랩해 놓는다. 그리고 교역자 회의와 담당 부서의 회의, 그리고 담당 교역자로서 나 자신 의견들을 묻고 피드백 자료로 반드시 기록해서 정리해 놓는다. 최소한 다음의 내용은 반드시 들어가야 한다.

- 이번 행사에서 제일 좋았던 점, 잘되었다고 평가되었던 점.
- 준비 과정에서 미흡했던 점과 보완해야 할 점.
- 예상했던 결과와 실제 결과를 비교한 성과와 반성.
- 행사의 대상자가 되었던 성도들의 의견.
- 다음 행사 때 반드시 보완해야 할 점.

이러한 내용들을 기록해 놓고 난 다음에 휴식에 들어가야 한다. 그리고 그 다음해가 되었을 때 당신이 만약 이 파일을 열어본다면 일을 쉽게 일사천리로 진행할 수 있을 것이다. 거기에다 매 해마다 보완이 될 테니 얼마나 좋겠는가. 지금 마음으로는 그 때가 되면 다 생각날 것 같지만, 우리의 머리는 그렇게 똑똑하지 않다. 머리를 믿지 말고 기록을 믿어라. 대부분 실수는 반복된다. 왜냐하면 그 당시 그렇게 판단했던 판단 기준을 가지고 똑같이 내년의 그 상황에서도 그렇게 판단하기 때문이다. 때문에 피드백 자료를 통해 다른 사람들의 평가를 보고 보완한다면 최소한 실수가 반복되는 것은 막을 수 있다.

반복적으로 '과거'(피드백)와 '현재'(상황) 그리고 '미래'(예상과 예측)를 오가며 시간적 길이로 반복하다보면 많은 허점들을 보완하고 완성도를 높여갈 수 있다.

기획을 실천하는 데 이보다 더 좋은 일이 없다. 닥쳐서 일하는 사람은 절대로 미리 예상하고 방비하며 일하는 사람을 당할 수 없다. 인생은 늘 변수가 존재하기 때문이다. 닥쳐서 일하는 사람은 변수를 막을 방도가 없다. 그러나 미리 예상하고 준비하는 사람은 일단 시간적으로 변수를 만회할 여유를 갖는다. 즉 한 번의 기회를 더 갖는 것이나 다름없다. 담임목회자는 미래를 내다보는 사람을 필요로 한다. 그것은 교회의 먼 미래를 바라보는 지도자적 안목까지를 바라는 것이 아니라, 내게 주어진 사역에 대해 미리 준비하고 예상할 수 있는 성실한 습관을 말하는 것이다.

이것은 높은 안목을 가진 고차원적인 요구가 아니다. 그저 계획을 짜는 습관, 그리고 중간에 체크하고 보완하는 습관, 사역을 시간의 길이로 생각하고 과거의 피드백과 현재의 상황, 미래의 변수를 예측하는 관점이 필요할 뿐이다. 여성 사역자만이 아니라 부교역자들 대부분의 치명적인 실수는 미래를 보지 못하는 데서 발생한다. 남녀를 불문하고 예측하는 것은 사역에서 가장 강력한 힘 중 하나다.

빈 그릇을 준비하지 않았다면

나에게 미리 예측하지 않았더라면 큰일날 뻔한 일이 있었다. 새 가족부를 맡고 마음에 강한 소망이 일어나면서 두 가지 결단을 했다. 한 가지는 불신자들이 교회에 올 수 있는 준비를 하자는 것이었다. 당시 교회는 폭발적인 성장을 하고 있었지만 대부분 수평이동이었다. 나는 기도하면서 불신자들이 왔을 때 정착할 수 있는 교회로 준비되지 않으면 앞으로도 초신자들의 성장을 얻을 수 없다고 생각하게 되었다. 그래서 초신자를 위한 바나바팀을 구성해야겠다고 마음먹었다.

당시 교회는 이미 기존 바나바들이 구성되어 있었다. 한해 평균 천명의 새가족이 몰려들었고 이를 위한 새가족 봉사자는 56명이었다. 교회는 불붙듯 부흥해 갔고 연일 새가족들이 몰려들었다. 처음 새가족부를 맡고나서 지난 몇 년 동안 새가족 유입 인원을 계산해 보니, 3년 동안 한해에 거의 천 명씩 늘고 있었다. 2005년 연말에 다음해 사역을 생각해보니, 2006년에는 지금의 인원으로 가능하지만, 2007년에는 어렵다는 판단이 들었다. 그래서 2006년 한 해 동안 봉사자를 두 배로 늘려야겠다고 마음먹었다. 봉사자 인원을 많이 늘리려면 시간이 필요했기 때문이다.

그래서 연말에 기도하면서 2006년의 계획을 이 두 가지, 초신자 팀의 신규 구성과 봉사자를 100명으로 늘리는 것에 맞추어서 월별 계획을 세웠다. 그러고 나서 새가족부 임원진의 첫 만남을 가졌는데 그 자리에서 나는 충격을 받았다. 내가 세 번째로 바뀐 교역자였고 바뀔 때마다 매번 정책이 바뀌어 봉사자들이 심정적으로 화가 단단히 나 있었다. 그래서 나에게 선언하기를 '우리는 어떤 것도 바뀌는 것을 원하지 않습니다. 제발 아무 것도 바꾸려고 하지 마십시오.' 라는 것이었다. 그건 호소였다. 교역자는 매번 바뀌지만 그들은 몇 년째 봉사를 하는 베테랑들이었다. 너무도 이해가 가는 상황이었기에 아무 말도 할 수 없었다.

그리고 집에 돌아와 다시 기도하면서 스케줄을 수정하기 시작했다. 초신자팀을 만드는 데 소요되는 시간 6개월, 봉사자 100명을 채워가는 데 꼬박 1년을 잡았다. 그리고 월별로 계단을 만들 듯 사역을 단계적으로 정리했다. 그 계획표는 아무에게도 보여주지 않았다. 나중에 6개월이 지난 이후 내게 모두 마음을 열었을 때 초신자팀원들에게 보여주었다. 그것은 일종의 간증이었다.

어쨌든 그 어떤 것도 팀원들의 동의 없이 하지 않았다. 아주 사소한 것까지도 미리 알려줬다. 임원회의 내용은 물론이고 교역자 회의에 제안할 것들까지 미리 담당 장로 및 부장 집사와 상의했다. 물론 이미 내 마음엔 결론이 나 있었지만 그들의 의견도 존중하려는 마음에서였고, 그분들은 이 모든 과정을 통해 조금씩 신뢰를 보여주었다.

한 달에 한 번 있는 첫 봉사자 전체 모임에는 30여 명밖에 오지 않았다. 봉사자의 절반 조금 넘는 인원이었다. 그리고 나서 제일 먼저 전체모임의 성격을 완전히 바꿔버렸다. 무덤덤하게 만나서 열심히 봉사해야한다는 사명을 강조하고 격려하고 보고할 것을 보고하던 형식적인 모임에서 기도 모임으로 성격을 바꾸었다.

곰곰이 생각하고 나 자신에게 물어보았다. 성도가 교역자에게 기대하는 것은 무엇일까? 저들은 왜 봉사를 할까? 그리고 봉사할 때 담당 교역자에게 뭘 원할까? 내가 얻은 답은 '영적 영향력' 즉

'은혜'였다. 성도는 언제나 교역자에게 영적 영향력을 원한다는 생각이 들었다. 그리고 교역자에게 입에 발린 칭찬을 듣기보다는 이 자리에 있는 것 자체가 은혜가 되고 감동이 있다면 진정 그들에게 힘이 될 거라고 믿었다.

그래서 다음 달부터 10분 메시지를 준비했다. 아주 짧지만 군더더기 없는 강한 메시지와 봉사자 자신을 위한 중보기도를 했다. '열심히 하세요, 잘하세요.' 라고 말하는 대신 기도제목들을 거둬서 말 못할 사연들을 위해 함께 기도하기 시작했다. 10분 메시지를 위해 1시간 이상을 투자했다. 그리고 자녀의 결혼을 앞둔 봉사자, 질병이 있는 가족을 둔 봉사자, 입시를 앞둔 봉사자 등 개별 사연들을 나누고 격려해주고 위로해주었다. 그러고 나서 바나바 팀별로 교제를 나누는 시간을 주고 헤어졌다. 그 뒤로 봉사자들은 거의 90%의 참석률을 보였고 연말에 봉사자가 딱 100명을 돌파했을 때 교실에 앉을 자리가 부족해서 서있을 만큼 많은 사람들이 전체모임에 참석하기도 했다.

그들이 아무런 변화를 원하지 않았기에, 1월에는 이름만 걸어놓고 실제로는 사역하지 않는 봉사자들을 걸러내기로 했다. 즉 허수를 없애기로 한 것이다. 물론 나만의 내적인 결단이었고 실제 팀장들에게는 "봉사가 힘드신 분들이 있으신데 좀 쉬게 해드리면 어떨까요? 저희가 너무 부담을 드리는 것 같아서요. 한 1년 쉬시고 충전하신 후에 꼭 다시 오시도록 배려해드렸으면 좋겠습니다."라고 제안했고, 모두들 좋게 받아들였다. 그렇게 해서 10여 명이 걸러졌다. 그리고 그 자리를 채우기 위해 사람이 필요하니 충원하겠다고 보고했고, 15명 이상을 충원했다.

초신자팀을 만드는 일은 마치 아무런 아이디어가 없는 것처럼 임원회의를 통해 초신자들에 대한 관리에 대해 문제점은 없는지 의견을 나누었다. 그 과정에서 스스로 필요를 제시했고 오히려 내 쪽에서 서두르지 말고 천천히 고려하면서 실험을 거쳐서 지켜보자고 제안했다. 그리고 임상 테스트을 위해 자원자를 받겠다고 했더니 복음의 열정을 가진 지원자들이 많이 나타났다. 그래서 그들과 먼저 성경공부를 시작하고 기도모임을 시작하자 그들이 핵이 되어 그 필요성과 열정에 대한 공감대가 커져갔다. 2개월 정도 따로 성경공부와 교육 모임을 갖고 새로 온 신자를 대상으로 배운 것들을 조금씩 실천하면서 좋은 피드백이 나왔다.

그리고 6개월이 되었을 때 드디어 초신자 바나바팀을 신설하여 그 달부터 놀라운 열매와 간증들을 쏟아내기 시작했다. 그렇게 1년이 지나며 초신자 바나바팀은 안착해나갔고 연말에는 두 개의 팀으로 확대하여 운영했다.

전체모임은 상당히 효과가 있었고, 봉사자들의 마음을 움직였다. 그들이 사명을 가지고 사역을 하도록 어떻게 격려하는 게 좋을까 고민하다가, 교역자가 이론으로 강조한다고 영향이 있을까 싶어서 자발적인 동기부여를 생각해냈다. 그래서 각 팀에서 팀장의 추천으로 간증문을 만들어 작은 회보 만들기를 시도했다. 그리고 전체모임에서 간증을 들었는데 이 작은 봉사를 하기 위해 평신도들이 얼마나 마음을 써서 사역하고 있는지 심장을 흔드는 감동을 받곤 하였다.

한 봉사자는 모 대기업에서 근무하는데, 새가족과 통화하기 위해서 아침마다 기도하며 눈치보고 빈 사무실을 찾아 숨어들어가 통화하고 만난다는 이야기를 나누었다. 그 간증을 들으며 너무 많은 사람들이 은혜를 받고 도전을 받았지만 가장 은혜를 받은 것은 교역자인 나 자신이었다. 새가족이 친절하게 받아주기를 사모하며 떨리는 마음으로 기도하면서 매순간 임하는 그 신실함에 모두들 말할 수 없는 찔림과 새로운 각오를 갖게 했었다.

그러면서 나는 거의 두 달에 한 번씩 인원이 모자라다는 이유를 대며 충원을 해갔다. 부장집사님은 지속적으로 이것으로 인원이 충분하다고 했지만 웃으며 '조금 더 필요한 것 같아요.' '교육을 시키려면 시간이 걸려서요.' 하면서 계속 충원을 했다. 수년 동안 50여명으로 운영해왔는데 계속 인원을 늘리니 당연히 많다고 생각했을 것이다. 그러나 내 목표는 올해를 준비하는 게 아니라 내년을 준비하는 것이었기에 멈추지 않고 호시탐탐 봉사자를 충원하고 교육시켜 나갔다.

물론 매 순간 계획한 스케줄을 보면서 한 것은 아니다. 그저 그런 마음으로 꾸준히 했을 뿐이다. 숫자를 맞추려고 한 것도 아니었다. 2007년을 위해 2005년에 계획하고 2006년에 준비해나간다고 생각했다.

그런데 그 계획이 하나님의 인도하심이었다는 것을 깨달은 것은 연말 사역 마감을 위한 보고서를 작성하면서였다. 두 개의 초신자 팀이 신설 운영되었고, 영접시킨 인원이 70%를 넘겼다. 그리고 나를 포함한 봉사가 101명이란 숫자를 보는 순간, 몇 달 동안 잊고 있었던 그 목표가 떠오르며 눈물이 났다. 마지막에 그 숫자를 딱 맞추어 주신 것이다.

헌데 그보다 더 놀라운 것이 있었다. 연말에 마지막 통계를 내보니 그 2006년 한해에 새가족이 2천명 등록했다는 사실이었다. 놀라운 일이었고 아무도 예상치 못한 일이었다. 매해 꾸준히 천명이 등록하던 새가족이 그 해에 두 배인 2천명이 등록할 줄 누가 알았겠는가? 아무도 예상하지 못했다. 결국 그 한 해를 무사히 마칠 수 있었던 것은 그 다음해를 위해 충원했던 두 배의 인력 때문에 무난히 새가족을 모두 감당할 수 있었던 것이었다. 여호와 이레의 하나님!!

만약 그 다음해를 위해 준비하지 않고 그냥 허수를 포함한 50여 명의 인원으로 끌고 갔더라면, 천 명만큼의 누수가 있었을 것이다. 봉사자들은 넘치는 인원에 허덕였을 것이고 교육받지 못한 사람, 돌보아지지 않은 사람들로 불평불만이 가득하고 급하게 충원하느라 무리가 갔을 게 뻔한 일이다. 빈 그릇을 준비하지 않았더라면 부어주시는 새가족들을 담아내지 못했을 것이다.

그래서 나는 미래를 예측하고 준비하는 일을 매우 중요하다고 생각한다. 감소하면 감소하는 대로, 늘어나면 늘어나는 대로 고정되어 있는 것이 아니라 살아 움직이는 교회에 살아 움직여 역사하시는 하나님의 일하심을 기대하며 미래를 내다보고 준비하고 노력한다면 더 많은 열매들을 채워주실 줄 믿는다.

서바이벌 체크 ✓

chapter 6

- 나의 사역은 문서로 계획되어 있다. ☐
- 모든 일은 중장기 목표가 세워져 있다. ☐
- 사역의 목표를 핵심 제직 봉사자와 공유하고 있다. ☐
- 목표를 이루기 위해 해야 할 일을 단계적으로 나열할 수 있다. ☐
- 나는 행사 후 항상 피드백을 한다. ☐

☕ 당신이 맡은 부서에서 나오는 불만의 소리에 귀기울여보고 반성해보자. 특별히 체계적인 일 진행에 대한 불만이 있다면 당신은 좀 더 계획적이 될 필요가 있다.

한국 교회에서
여 전 도 사 로
살 아 남 기

데이터도 섬김이다
한방의 헌신보다 사소한 것을 면밀하게!

chapter

7

데이터를
중요시 여겨라

1 2 3 4 5 6 **7** 8 9 10 11

사역을 하다보면 어떤 사람의 말은 신뢰하지만 어떤 사람의 말은 별로 귀 기울여 듣지 않는 경우를 본다. 마치 의미 없는 수다처럼 말이다. 수다가 왜 신뢰를 받지 못하는가. 말하는 내용이 그다지 중요하지 않거나 객관적인 정확성이 결여된 사담이기 때문이다.

이런 사적인 수다는 주로 여성, 그 가운데 특히 아줌마들이 즐겨한다는 선입견 때문인지는 모르지만, 여전도사들의 이야기에 비중을 두고 경청하는 경우는 많지 않다. 일반적인 풍토에서는 실제로 그렇다. 간혹 여자 전도사들이 자기가 주장하는 바에 정확한 근거를 대지 못하거나 혹은 수다스럽다는 약점을 보여주기 때문에 그럴 것이다.

그렇다면 어떻게 해야 하는가?

데이터도 섬김이다

첫째, 느낌으로 말하지 말아야 한다.

"이런 거 같아요." "이럴지도 몰라요." "누가 말했는지는 모르지만 이렇대요." 이런 말들은 가급적 피하는 게 좋다. 주관적인 것은 상당히 위험하다. 어떤 정책을 결정할 때에는 더욱 그렇다. 그러므로 어떤 제안을 하거나 문제제기를 할 때에는 언제나 그 말에 대한 근거를 준비하는 습관을 가져야 한다. 본인 스스로 판단할 때에도 마찬가지다. 결정하기 위해 정확한 데이터를 근거로 한 문제제기가 가능한가를 항상 생각해야 판단을 그르치지 않는다.

둘째, 한 사람의 말만을 듣고 그것이 하나의 경향인 것처럼 말하지 말라.

교역자회의를 하다보면 때로는 상당히 위험한 판단을 유도하는 부교역자들이 있다. 자신과 가까운 한 두 사람의 의견을 마치 전체 의견인 것처럼 말하는 경우다. 물론 악의를 갖고 하는 말은 아니나 사안이 크건 작건 교회일이다. 하나님의 일을 위한 결정에 개인적인 사견이 마치 전체 의견처럼 비춘다면 그것은 담임목회자로 하여금 왜곡된 판단을 하도록 부추기는 역할을 하게 된다. 그러므로 주의를 기울여야 할 어떤 의견이 있을 경우, 그 의견이 다수의 것인지 아니면 한 두 명의 사견인지 조심스럽게 귀 기울여야 한다.

셋째, 양쪽 입장의 말을 다 들어봐야 한다.

양쪽의 입장이 대립되는 경우가 생각보다 많다. 다툼이 일었을 때도 그렇고 의사결정을 위해 찬반이 갈릴 때도 그렇다. 그럴 경우 형평성의 원칙에 어긋나지 않게 양쪽의 이야기를 경청했는지를 살펴보아야 한다. 그렇지 않다면 편향된 판단을 내릴 확률이 매우 높다. 그렇게 해서 겉으로는 일이 잘 처리되었다 할지라도, 자신의 의견을 말해보지 못한 반대편은 마음속에 불공평하다는 인식을 갖게 되어 나중에 당신에 대한 강한 선입견을 가지고 문제제기를 하는 날이 올지도 모른다.

이처럼 느낌 중심으로 객관적이지 못한 정보를 가지고 문제제기를 하거나 정보를 제공하는 일이 없도록 하는 역할이 부교역자가 자신의 판단만이 아니라 담임목회자의 판단을 올바로 이끌 수 있는 섬김이다.

이렇게 데이터 즉, 근거를 들어 말하는 습관은 사람들에게 신뢰를 심어준다. 그리고 자기 자신의 그릇된 판단을 줄일 수 있는 좋은 방법이기도 하다. 그렇다면 어떻게 해야 데이터에 익숙해질까?

먼저, 자신이 하는 일을 수치화하는 데 익숙해져라.

예를 들어, 한 교육 부서를 맡고 있다면 그 부서의 상황을 나타내는 수치들을 시각화해야 한다. 요즘은 컴퓨터에 숫자만 넣으면 도표나 막대그래프로 만들어주는 간단한 프로그램들이 얼마든지 있다. 출석이든, 교사들에 관련한 것이든, 행사에 대한 것이든, 그것들을 수치화해서 보면 하나의 경향을 반드시 찾게 된다. 그 경향이 바로 올바른 정책을 만들게 해주는 가장 중요한 데이터가 된다. 이처럼 최소한 과거에 걸어온 과정에 대한 이해 없이 앞으로의 정책을 결정한다는 것은 매번 새로운 일을 맡듯 아무 정보 없이 일을 하는 것이나 다름없다.

둘째는 중요한 정보를 외우는 습관을 가져야 한다.

자기 느낌을 중심으로 말하는 이미지를 벗기 위해서는 노력이 필요한데, 거기에 가장 효과적인 방법이 정보를 외워서 말하는 습관이다.

예를 들어, "요즘 한국교회가 성장을 멈추고 침체하는 것 같습니다." 라고 말했다고 치자. 이건 누구나 할 수 있는 말이고 새롭지도 않고 감동도 확신도 주지 않는 말이다. 그러나 만약 "조사 결과에 따르면 한국 교회는 1996년 첫 번째 정체를 경험한 이래로 2009년 현재까지 전체적 성장 없이 하향세를 지속하고 있습니다." 라고 말했다면 어느 쪽이 더 신뢰가 가겠는가? 가만히 보면 내용은 별반 차이가 없다. 그러나 한두 가지 포인트가 될 만한 정보를 외워 상당히 유식해 보이고 신뢰감을 준다. 물론 약간은 이미지 갱신을 위한 노력이기도 하지만, 놀라운 것은 이러한 습관은 다른 사람만이 아니라 나 자신에게도 확신을 준다는 사실이다.

외우기는 것은 어렵지 않다. 간단하게 나의 사역과 관련된 부분, 그리고 중요한 포인트가 되는 날짜, 숫자, 정보들을 볼 때 그 자리에서 외워버리면 된다. "목사님, 초신자 등록이 점점 늘고 있습니다. 봉사자의 지원이 필요합니다."라고 말하는 것과 "목사님, 초신자의 등록이 작년에는 전체 등록 가운데 8%였는데 올해 15%로 늘었습니다. 봉사자 5명이 더 필요합니다." 둘 중 어떤 말이 더 신뢰가 가는가.

그리고 만약 당신이 새가족부 담당자라면 이런 작은 수치를 외우는 일은 암기가 아니라 자동으로 외워질 수밖에 없다. 다만, 수치화해서 보지 않기 때문에 내 영역도 잘 모르고 외울 수도 없다. 이것은 상대를 설득하기 위한 것만이 아니다. 정확한 수치가 나오면 자기 스스로 정말 봉사자의 충원이 절실하다는 우선순위가 분명히 생기고 어떻게 대처해야 할지가 예상되기 때문에 사역에 상당한 도움이 될 것이다. 이처럼 무조건 관심도 없는 것들을 구겨 넣듯 외우는 것이 아니라 자기와 관련된 그리고 교회에 필요한, 무엇보다 내 판단에 중요한 역할을 할 만한 데이터들을 외우면 생각보다 오래 써먹을 수 있는 긴요한 정보가 된다.

　책이든, 훌륭한 사람의 말이든, 외워야 내 것이 된다. 어쩌면 그것들을 외우느라 조금은 느리게 가지만 유효한 정보가 내 것이 된다는 장점이 있다. 절대로 믿지 말아야 할 것이 자기 머리, 그리고 컴퓨터다. 컴퓨터는 사용하면서 계속 저장하지 않으면 어느 순간 날아가 버릴지도 모른다. 물론 이 세상에 믿지 말아야 할 것이 수천 가지이겠지만 무엇보다 자기 기억력을 믿지 말아야 한다. 그래서 무엇이든 기록하는 습관을 들이고 정보를 정확하게 기억하기 위해 노력해야 그나마 머리에 저장된다. 컴퓨터든 머리든 저장하지 않으면 남아있을 것 같지만 실은 바로 날아가 버린다.

　한 번은 이런 일이 있었다. 내가 어떤 행사를 맡아서 주도해보겠다고 담임목사님께 요청했고, 그 일을 위해 여러 가지 새로운 시도들을 하였다.

　미래교회들이 가지고 있는 특징 중 하나가 인간이 가지고 있는 오감을 모두 경험하도록 유도한다는 데 착안해서, 시각적 이미지를 심기 위해 마크를 만들기로 결정했다. 그리고 기독교의 상징 중에 새로운 탄생을 의미하는 나비를 마크로 만들고 그것을 각 홍보자료를 비롯해 모든 곳에 넣어서 이 행사를 통해 성도들이 새로운 탄생을 경험하길 원한다는 이미지를 심으려 했다.

  이것을 교역자 회의에서 제안하려고 하니 예상되는 일이 하나 있었다. 내 말을 믿어주지 않을지도 모른다는 것이었다. 물론 이것도 내가 가지고 있는 일종의 불신이기도 했지만, 그래도 만의 하나 그런 상황이 벌어지면 그 순간 내가 바보가 될 수도 있다는 생각을 했다. 그래서 신학교 도서관을 찾아가서 이틀을 뒤진 끝에 아주 오래된 책이지만 기독교의 상징에 관한 책을 찾아낼 수 있었다. 워낙 오래된 책이고 사람들이 잘 모르는 책이라서 일반 기독 서점에서는 찾기 힘든 책이었다. 그 책을 찾아내 기쁜 마음으로 사람들이 내 말을 믿어주길 기대하며 교역자 회의에 참석했다.

  대부분 내가 말하는 미래교회의 경향성에 대해서도 별로 관심이 없었지만 기독교의 상징에 대해서는 말할 것도 없었다. 준비한 대로 나는 이번 행사에 주제 구호와 주제 찬양만이 아니라 시각적인 이미지를 심어주기 위해 회보와 현수막, 기타의 모든 곳에 나비를 상징마크로 넣자고 제안했다. 그리고 그 의미를 설명해서 이번 행사를 마치고 나서 사람들이 나비를 떠올릴 때 자신의 새로운 삶을 기억할 수 있도록 마크를 만들자고 했다. 그리고 그 나비는 내가 만든 것이 아니라 오랜 기독교 전통으로 전해오는 상징이라고 설명을 덧붙였다.

  그러자 실망스럽게도 내가 예상한 반응이 즉각적으로 나왔다.

"전도사님 (당시는 전도사였다), 기독교에 무슨 상징이 있어요. 나 참." 하며 웃는 것이었다. 다른 교역자들도 같은 반응이었다. 원치 않았지만 예상한 일이 일어난 것이다. 그 때 기다렸다는 듯 서류들과 함께 준비한 《기독교 상징》이라는 책을 테이블에 턱! 하고 꺼내놓았다.

"목사님. 기독교에도 상징이라는 게 있거든요, ○○페이지를 펴 보세요."

지금 생각해도 아찔하다. 만약 그때 내가 책을 꺼내놓지 못했더라면 바보가 될 상황이었다. 내가 객관적으로 증명하지 못했다면 말이다. 그제야 한 교역자가 "기독교에도 상징이 있네요?" 하며 책을 들여다보았고 다른 교역자들은 입을 다물었다.

현실은 옳고 그름의 진실이나 사실과 거짓 여부보다 어느 쪽이 다수인가로 결정되는 상황이 훨씬 더 많다. 때론 증명하지 못하면 순식간에 그들의 무지가 나의 무지로 둔갑해 버리는 게 현실이다. 다수가 옳음이 되고 진실이 되는 현실이 교역자들의 조직 가운데에도 난무한다. 같은 교단 출신의 다수의 교역자가 타 교단의 소수 교역자를, 다수의 남성 교역자가 소수의 여성 교역자를, 같은 경험을 한 다수의 교역자가 그렇지 못한 소수의 교역자를 바보 취급할 수 있는 곳이 교회이기도 하다. 크건 작건 이런 일들은 많이 존재

한다. 아니라고 말하고 싶겠지만 그건 이상이지 현실은 아니다. 서로가 부인하면서 암묵적으로 우리는 문제없다고 스스로의 평안을 찾을 뿐 그것이 진실이 아닌 때가 있다.

지금까지 내가 사역한 교회들은 모두 진보적이고 인격적인 교회였다. 그랬기 때문에 증거가 있으면 인정해주었는지도 모른다. 이런 일은 부패한 현상이 아니라 인간의 약함으로 인한 자연스런 일이다. 만일 내가 소수의 무리가 아니라 다수의 무리에 속했다면 나도 그러했을 것이다.

한방의 헌신보다 사소한 것을 면밀하게!

역사는 거울이다. 긴 역사만이 아니라 아주 짧은 과거도 거울이다. 지난 행사들을 면밀히 살피면 최상의 답은 자연히 나온다. 사역을 데이터로 만들고 수치화하라. 그리고 그것을 바라보고 앉아 있어보라. 그러면 객관적인 경향성이 보이고 그것이 당신을 보다 정확한 성공의 확률로 인도할 것이다.

무엇보다 인터넷에 익숙해져라. 현대는 정보화 시대다. 정보 없이 이 시대의 문화와 흐름을 따라갈 수 없다. 심지어 요즘은 대화를 할 수 없는 지경까지 되었다. '난 나이가 들어서…….' 혹은 '난 아줌마라서…….' 제발 이렇게 생각하지 마라. 아줌마라 못할 것 같으면 아예 집에 들어가서 당신이 생각하는 모습의 아줌마대로 살던가, 그게 아니라면 아줌마에 대한 정의를 과감히 바꾸길 권한다. 당신은 아줌마가 아니라 사역자다. 주를 위해 순교는 하지만 컴퓨터는 못하는 게 우리의 헌신이다. 회의에서 싸워 이기기 위해서는 목숨을 내놓지만 화가 머리꼭지까지 난 성도를 위해서 목숨은커녕 자존심 하나 버리지 못하는 게 교역자다.

예전에 페트라 히브리어, 헬라어를 한 목사님께 배운 적이 있다. 그분을 통해 영어도 배우고 히브리어도 배웠다. 수학적인 원리를 가지고 아주 쉽게 사역자들에게 언어를 가르치려고 노력하시는 참 귀한 분이셨다. 그 목사님께서 수업시간에 항상 이런 말씀을 하셨다. "나이가 들어서 공부 못한다는 말 하지 마세요! 누가 그런 말을 만들었는지, 그 사람은 아주 무기징역에 처해야 해요. 세상에 그런 말이 어디 있습니까? 여러분도 할 수 있습니다!" 그 말이 얼마나 힘이 되었는지 모른다.

우스갯소리로 강조하려고 하신 말이었고, 우리 모두 웃었지만 중심은 정말 눈물 나는 진심임을 나는 알 수 있었다. 그래서 그분을 늘 존경했다. 언어 때문에 고생하는 사람들을 위한 사심 없는 진심이 전달되었었기 때문이다.

학위가 사람을 똑똑하게 만드는 것도 아니고 나이가 그렇게 만드는 것도 아니다. 우리 안에는 하나님이 내재해 주신 지혜가 있고 내가 접하는 지식을 조금만 면밀히 관리한다면 우리는 누구나 유능하고, 누구나 똑똑하고, 누구나 필요한 사람이 될 수 있다.

너무 큰 것에만 헌신하려 하지 말고 작은 것부터 헌신하라. 설마 컴퓨터 배우는 게 순교하는 것보다 힘들까? 설마 책 좀 읽는 게 목숨을 내놓는 것보다 힘들겠는가.

내가 아는 사람 중에 인생 최고의 룸펜이 한명 있다. 어찌나 게으르고 나태한지, 나이가 50살이 넘었지만 아직도 이런 말을 했다. "엄마. 인생 한방이야. 내가 호강시켜 드릴게." 나이 50에 엄마라는 말도 안 어울리지만 한방은 고사하고 제발 사람 구실 좀 하고 살았으면 하는 게 80세를 바라보는 노모의 소원이 아닐까?

어쩌면 우리도 그런지 모른다. 하나님을 향해 "아버지! 전 하나님을 위해 목숨도 한방에 바칠 수 있어요." 라고 말하지만 목숨을 바칠 기회는 평생 만나지도 못하고 목숨 이외에 다른 사소한 것들은 아무것도 버리지 못하는 건 아닌지. 한방에 헌신하려 하지 말고 지금 당신이 하기 싫은 아주 사소한 것부터 주의 일을 위해 시작하길 바란다. 어쩌면 그게 목숨보다 더 귀한 헌신일지 누가 알겠는가.

서바이벌 체크 ✓

- 나는 늘 양쪽의 이야기를 다 듣고 결론 내린다. ☐
- 나는 사역을 수치화하는 데 익숙하다. ☐
- 생활 속에서 늘 외우거나, 메모하는 습관을 가지고 있다. ☐
- 다른 사람들로부터 꼼꼼하다는 평을 듣는다. ☐
- 담임목회자에게 보고할 때 주관적 판단보다 객관적 사실을 근거로 한다. ☐

말의 내용에 신뢰성이 있으면 그 사람도 신뢰를 받는다. 위의 체크하지 못한 부분을 실제로 어떻게 바꿀 수 있을지 적어보자.

한국 교회에서
여 전 도 사 로
살 아 남 기

언제든 준비된 한 편의 설교를 가져라
설교를 위해 무엇이 필요한가

chapter

8

설교를 사역의 중심에서
내려놓지 말라

1 2 3 4 5 6 7 **8** 9 10 11

여성 사역자가 가지고 있는 고정관념 중 하나가 말씀은 남자들이 전해야 한다는 생각이다. 그래서 늘 기회가 있어도 양보하거나 포기하고 만다. 심지어 말씀을 전해야 할 상황인데 남자 사역자가 없는 경우조차 자신은 말씀을 전하지 못한다고 뒤로 빼는 여성 사역자들을 볼 수 있다. 만약에 당신이 그렇다면 확언하건데, 당신은 직무유기를 하고 있다. 말씀을 잘 전하고 못 전하고는 차후의 문제다. 사역자라면 누구나 주어진 상황에서 말씀을 전할 수 있어야 하고 그럴 마음의 준비가 되어야 한다.

언제든 준비된 설교 한 편을 가져라

현실적으로 여성 사역자가 말씀을 전할 기회가 열악한 것은 사실이다. 그러나 거꾸로 생각하면 그렇기 때문에 남자 사역자들보다 더 설교를 저장할 기회가 많다고 볼 수도 있다. 100개를 저장해서 1개를 잘하는 건 어렵지 않다. 기회가 많은 만큼 질적인 면에서 떨어질 수 있는 남자 사역자들에 비해, 준비가 잘 되었기 때문에 한방에 홈런을 날릴 수도 있다. 생각하기에 따라 다르다. 그러나 문제는 안타깝게도 아무 것도 준비하지 않는 것이다.

난 야구를 좋아하는 편은 아니지만 WBC의 열기가 하도 뜨거운데다 내가 사는 지역에서 결승전을 벌이고 있어 경기장에 가지는 못하지만 생중계되는 경기를 몇 번 보게 되었다. 헌데 경기를 보면, 직접 경기장에서 뛰는 선수들이 주로 화면에 보이지만 중간 중간에 경기장 한쪽 구석에서 몸을 풀고 있는 선수들을 비춰준다. 만일을 대비해서 언제든 뛰어나갈 수 있도록 준비하는 것이다. 그들이 연습을 하고 몸을 풀고 있다고 모두 그 경기에 뛰는 건 아니다. 그렇지만 생각보다 더 많은 선수가 뒤에서 몸을 풀고 만에 하나 불려 나갈 기회를 위해 준비하고 있었다.

기회는 올 수도 있고 안 올 수도 있다. 그러나 준비되어 있지 않으면 기회가 왔을 때 경기장에 절대 나설 수 없는 건 분명하다. 여성에게 말씀을 전할 기회는 많지 않다. 그러나 꼭 공식적인 자리가 아니라 할지라도 말씀을 전할 기회가 생기기 때문에 준비되어야 그런 자리에 설 수 있다.

그 분은 나를 모르지만 내가 존경하는 여자 전도사님이 있다. 한국 교회의 기둥같이 우뚝 선 그 여전도사님은 일평생을 어떤 사역자보다도 훌륭하고 헌신적으로 사역을 하셨다. 그 분은 한 때 일주일에 설교 한 편씩을 꼭 작성해서 모아 두셨다고 한다. 그건 그 분이 강단에 설 때가 아니라 강단에 서지 못할 때의 이야기였다. 우리도 이런 자세가 필요하다. 내가 말씀을 전할 수 있는 사역자라는 사실에 대한 분명한 인식과 그것을 실행하기 위해 언제나 준비한다는 것이 중요하다.

내가 한 때 행정을 맡아 일할 때였다. 사무적인 일들이 너무 무미건조하여 사람을 접할 수 있는 일을 하고 싶었다. 그래서 담임목사님께 말씀을 전할 기회를 달라고 부탁했고 그래서 새가족부를 맡게 되었다. 장소적 여건도 좋지 않고 기존 신자와 초신자가 섞여 있어 쉽지 않은 상황이었지만 내가 단에 설 수 있는 절호의 찬스였다. 그 강의를 준비하기 위해 두 달을 고민했다. 주변 사람들에게 의견도 구하고 서점에 나온 새가족 관련 책은 몽땅 사서 탐독하였다. 그리고는 완전히 새로운 포맷으로 내용을 구성하고 강의를 시작했다. 물론 기질적으로 약간 저돌적인 성향도 있긴 하지만 내겐 너무 소중한 기회였고 기쁨이었다. 일주일에 한 번 1시간 15분이 내게 주어졌고 매번 나는 이 강의시간이 내 인생의 마지막 강의라는 마음으로 임했다.

4개의 강의 내용을 한 달 기준으로 반복하는 시스템이었다. 200번도 넘게 강의를 했고 강의안이 없어도 눈감고도 할 만큼 익숙했지만 매번 강의할 때마다 1시간씩 기도하고 강의안을 보고 또 보고, 매번 새로운 마음으로 준비했다. 결과는 매우 성공적이었고 결국 그것 때문에 새가족 전문가로 불리게 되었다. 하지만 솔직히 나는 새가족 전문가가 아니다. 다만 내게 주어진 일이 그것이어서 그 일을 열정적으로 했을 뿐이다.

물론 나는 대학에서도 강의를 했다. 그러나 신학대학에서의 강의와 교회에서의 강의는 내게 전혀 다른 의미였다. 대학에서 강의할 때는 그렇게 오래 기도하고 보고 또 보고 하지는 않는다. 교회는 직접적인 사역의 현장이고 내 강의에 따라 영혼구원이 달려있는 위기의 현장이었다. 나는 어렵게 얻는 기회 앞에서 곰곰이 생각했다. 그리고 덩치가 아주 작은 어느 조폭 두목이 했던 말이 생각이 났다.

"어떻게 그렇게 작은 체격으로 두목이 되셨나요?"

누군가가 묻자 그는 이렇게 답했다.

"죽으려고 싸우는 사람과 이기려고 싸우는 사람 중 누가 이기겠습니까?"

내가 현재 강의를 잘하는 사람이든 못하는 사람이든 그건 문제가 되지 않았다. 나는 나의 마음가짐을 그 사람처럼 가졌다. '이 강의가 내가 복음을 전할 수 있는 마지막 강의다. 난 이 강의를 마치고 죽겠다'는 심정으로 혼신을 다해 강의했다. 너무 비장하다고 할지 모르지만 정말 그렇게 했다. 늘 성도들이 어떤 마음으로 거기에 앉았을지, 무엇이 궁금할지, 어떤 예화가 그들에게 와 닿을지 참 많은 시간 고민하였다. 매 강의마다 남자고 여자고 최소한 5명이상은 눈물을 흘리며 강의를 마쳤다. 때론 나도 울며 강의를 마쳤다. 말씀을 전할 수 있음에 감사했고 그것을 받고 변화하는 성도들을 보며 감동했다.

하지만 그것으로는 너무 부족했다. 중년이 다 된 나이에 이미 박사학위까지 다 마쳤지만 강단에 한 번도 서보지 못했다. 이제 학부를 다니는 20대 남자 전도사들도 가나다순으로 설 수 있는 강단이 내게는 허락되지 않았다. 경험도 실력도 나이도 학위도 다 필요 없고 그냥 여자 사역자라는 것만으로 그저 자연스럽게 순번에 들지 못했다.

그러던 어느 날 특별새벽기도를 하기 전 항상 전 교역자들이 강단에 올라 무릎 꿇고 기도하는 시간이 있었다. 난 그날을 잊을 수가 없었다. 그날 새벽은 유난히 마음이 복받쳤었다. 단에 교역자들과 함께 무릎을 꿇고 주저앉으며 내 입에서 한탄이 터져 나왔다.

"주님. 왜 저는 이 강단에 서지 못합니까? 가나다순으로 돌아가면서 설 수 있는 강단에 왜 저는 설 수가 없습니까! 차라리 저를 사역자로 부르지 마시지 그러셨습니까? 짖을 수 없는 개가 무슨 개입니까! 말씀을 전할 수 없는 사역자가 무슨 사역자입니까?"

생각지도 못했던 한탄이 강단에 무릎 꿇는 순간 하염없이 내 입에서 터져 나왔었다. 사람들은 내가 특별새벽기도를 위해 기도하며 눈물을 흘리는 줄 알았겠지만 실은 아니었다. 그렇게 마치 체한 음식을 주체하지 못하고 토해내듯 내 속에 얹혀있던 탄식이 터져 나오는 순간 내게 하나님의 음성이 들려왔다.

"글을 써라. 말로 못하면 글로 쓰면 되지 않겠니?"

그 일이 있은 지 두 달 후 나는 첫 책을 썼다. 책은 내게 여러 의미가 있었다. 일하고 싶어도 할 일이 없어서 무언가 해야 했고, 말씀을 전하고 싶은데 전할 수 없어서 글로 쓰게 되었다. 그 때까지는 나에게 글재주가 있다는 생각을 해본 적이 없었다. 다만 '말하듯 쓰자, 말로 못하니 글로라도 하자.' 하는 마음이 다였다.

대학교 1학년 때 난 교회 대학부에서 주보 만드는 일을 했었다. 그 때는 컴퓨터가 지금 같던 시절이 아니어서 모두 손으로 글씨를 써서 주보를 만들었었다. 난 글씨를 예쁘게 잘 써서 주보를 만드는 일에 참여했었다. 사람들은 나에게 직업을 갖지 못하면 간판장이가 되라며 놀리곤 했었다. 그 때는 간판도 손으로 쓰던 시절이었으니까.

다른 사람의 글을 손으로 예쁘게 옮겨 적어 주보를 만들며 정말 재미있고 맛깔스럽게 글을 쓰는 사람들이 무척이나 부러웠었다. 나도 글씨가 아니라 글을 잘 써봤으면 좋겠단 생각도 들었다. 하지만, 이상하게도 한 번도 글을 쓰려고 시도하지 않았다. 왜냐하면 내 스스로가 글을 못 쓴다고 단정지었기 때문이다. 하지만 뜻하지 않은 계기로 말씀을 글로 전하는 새로운 사역을 시작하게 되었다.

지금 나에게 글을 쓰는 일은 꿈이고 기쁨이 되었다. 강의나 설교를 할 때는 바로 그 자리에 와 있는 사람만 은혜를 받았지만, 지금은 내가 잠을 자거나 쉴 때도 발이 없는 책을 통해 어떤 이는 은혜를 받기 때문이다. 정말 한 번도 생각해보지 못했던 사역이다. 하나님께서는 내가 상상하지도 못한 방법의 사역이 있다는 것을 알게 해주셨다. 그 재능이 작든 크든, 말이든 글이든 강의든 중요한 것은 '말씀'이라는 영역을 사역자인 내 삶의 중심에서 놓지 않는 것이다.

설교를 위해 무엇이 필요한가

그렇다면 어떻게 준비해야 좋을까? 어떻게 해야 말씀을 잘 전할 수 있을까? 물론 성경 말씀을 읽고 기도하는 것은 당연한 일이고 기본이다. 그것은 일단 제외하고 보완해야 할 것들을 알아보자.

설교는 두 가지의 축이 중요하다. 하나는 성도를 향한 연민과 열정의 축이고 또 하나는 지성의 축이다. 즉 열정과 지성의 축이다. 물론 내가 설교를 잘한다고 정평이 나 있는 사람도 아니고 매번 설교를 하는 사람도 아니다. 그러나 성공적이고 감동적인 설교들을 지켜보면 늘 이 두 가지의 축이 균형을 이루고 있는 것을 알 수 있다.

지금 말씀을 듣기 위해 모인 성도에게 무엇이 필요한지, 하나님은 이 성도들을 향해 어떤 마음을 품고 계실지, 진정 어떤 말씀을 전해야 성도들을 영적인 바른 길로 인도할지에 대해 감지하는 것, 그리고 안타까운 마음으로 그들을 사랑하는 것이 원동력이 된다. 열정을 부흥사의 불붙는 외침 같은 것으로 오해하지 마라. 여기서 말하려고 하는 열정은 성도를 향한 애끓는 심정이다. 오히려 폭발적인 열정이 아니라 가슴 깊이 사무치는 사랑의 열정을 말하는 것이다. 왜냐하면 깊은 사랑은 그것이 영적인 것이든 어떤 것이든 늘 그들의 상황과 필요를 민감하게 알게 하기 때문이다.

또한 반드시 필요한 것이 지식이다. 지식 없이 열정만 가진 설교는 들을 것이 없는 절규의 반복일 뿐이다. 지식 없는 외침은 심정의 토로가 될지 모르지만 어떤 대안도 방향도 제시할 수 없다. 그야말로 "그래서 어쩌라고……." 밖에는 안 된다.

많은 위대한 영적 선진들이 수많은 책에 그들의 놀라운 통찰력을 펼쳐놓았다. 책을 읽다보면 지금 우리의 상황 속에서 적용할 수 있는 내용과 응용할 수 있는 많은 영감들이 쏟아져 나온다. 나 혼자서는 경험할 수 없는 현실과 영적인 세계들에 대한 감동적인 통찰력들, 그것들을 실마리로 성경의 말씀들을 풍성하게 꾸려나갈 수 있다.

물론 성경 한권만으로도 설교를 준비할 수 있다. 그러나 난 그런 사람은 아주 특별한 사람이라 생각한다. 성경을 기초로 하지만 우리가 발을 디디고 사는 이 땅의 현실 속에서 우리는 다른 자료들과 간접 경험의 도움이 반드시 필요하다.

1. 손에서 책을 떼지 말라. 여전도사는 기도발이 있다는 말이 영성을 칭찬하는 것이라면 얼마나 좋겠는가? 하지만 때로는 기도만 했지 지식은 없다는 말을 돌려하는 것이 되어서는 안 된다. 학벌이 중요한 것이 아니다. 실력이 중요하다. 학벌이 중요하다면 그 학벌이 그 사람의 지적인 수준을 정의내린다고 생각하기 때문이다. 그 학벌을 얻기까지 억지로라도 책을 읽고 공부했다고 믿기 때문에 그렇다. 그러나 요즘은 학벌이 간판이지 내실을 의미한다고 보기에 어려운 경우도 생각보다 많다. 실력이 있다면 학벌쯤은 문제될 것 없다.

그렇다면 언제 어떻게 책을 읽는가?

일단 책에 대한 개념부터 바꿔야 한다. 책 읽는 것을 공부하는 것처럼 생각하면 한없이 멀어지고 부담스러워진다. 때가 되면 밥을 먹듯이 그냥 '나에게 독서는 생활이다.' 라고 생각을 바꾸어야 한다. 어느 특정한 시간에 읽는 것이 아니라 살면서 밥을 먹듯, 잠을 자듯 하는 것이 독서라고 생각하라.

당신이 책과 친하지 않다면 가장 먼저 선택해야하는 책은 얇은 책, 그리고 재밌는 책이다. 내가 읽어야만 하는 책을 선택하지 말고 일단 재밌고 감동적이고 특히 얇은 책을 읽기 시작해보라. 물론 신학을 한 사람들은 책을 읽지 않고는 졸업을 할 수가 없으니 익숙할 것이다. 그러나 그 때 뿐이고 장기적으로 책이 삶의 일부가 되지 않으면 이제 누구도 시험이나 보고서로 우리를 강압할 존재가 없기 때문에 손에서 책을 놓게 될 것이다.

2. **당신이 만약 책을 자주 읽는 사람이 아닌데, 책을 읽는 삶을 시작하기 원한다면, 얇고 쉬운 책부터 시작하라.** 깊이 있고 신학적인 책이 아니어도 좋다. 다만 자기가 재밌게 끝까지 볼 수 있다면 그것으로 족하다. 경건서적 가운데 유머가 풍부한 책이 없는 것이 안타깝지만, 자신이 관심을 가진 분야의 책 중 얇은 것, 글씨가 작고 빽빽하지 않은 것, 편집과 디자인이 시원스럽게 눈에 잘 들어오는 책을 고르라.

그렇게 얇은 책들을 끝까지 읽고 나면 나름 성취감을 가질 수 있을 것이다. 꼭 신앙서적일 필요는 없다. 얇은 시집이어도 좋고 유머집이어도 좋다. 어떤 것이든 불량한 내용만 아니라면 일단 재밌는 책을 손에 잡는 것부터 시작하라.

3. **재밌고 의미 있게 읽은 책의 저자를 기억했다가 그 저자의 다른 책을 읽어보라.** 자신이 쉽고 재밌게 성공적으로 읽은 책이 있다면, 그 저자가 쓴 다른 책들을 다시 골라서 읽어보라. 대체로 한 저자는 글맛이 비슷하기 때문에 한 책이 잘 맞았다면, 다른 책도 잘 맞을 가능성이 높다. 그렇게 해서 여러 책을 읽는 길을 트는 것이다. 저자의 특성을 따라 책을 읽는 것도 하나의 방법이 될 수 있다.

4. **바쁘면 두꺼운 책은 피하는 것이 좋다.** 일상이 바빠서 책에 집중할 시간이 많지 않다면 내용이 어렵고 생각을 깊이 해야 하는 책은 초반에는 가급적 피하는 것이 좋다. 왜냐하면 그 책을 다 읽지 못했기 때문에 다른 책을 시작하지 못할 수도 있다. 그 책 때문에 다른 책을 읽지 못하니 차라리 그 책을 치우고 좀 더 가벼운 것으로 시작하자.

5. **전문 사역과 관련이 없어도 도움이 되는 책이 있다.** 책의 기능이 꼭 자

기가 맡은 부서나 전문 사역과 연관되어야 한다고 생각하지 마라. 전혀 관련 없는 분야의 책들도 사역에 도움이 될 수 있다. 넓은 식견을 갖게 할뿐만 아니라, 오히려 항상 신경 쓰는 분야와 다른 내용이 자신을 새롭게 할 수도 있다. 책의 기능은 꼭 지식만을 넣어주는 것이 아니라 고민에 지쳐있을 때 전혀 다른 것에 자극을 주어 기분을 전환해줄 수도 있다.

6. 항상 가방에 소책자를 넣고 다녀라. 가방이 무거울 정도면 안 되겠지만, 30분 정도 읽을 수 있을 만큼의 소책자를 항상 넣고 다녀라. 나는 개인적으로 약속 시간에 늦는 것을 굉장히 싫어한다. 다른 사람을 기다리게 하는 것이 싫다기보다 힘들다. 차라리 내가 기다리는 게 훨씬 마음이 편하다. 그래서 나는 항상 약속 장소에 일찍 도착한다. 일찍 도착하면 딱히 할 일이 없다. 그래서 늘 들고 다니는 게 책이다. 대체로 시간이 남기 때문이다.

나와 같은 경우가 아니더라도, 교역자들도 피치 못하게 기다려야 하는 일들이 많은 사람들이다. 그런 자투리 시간들을 잘 활용하면 여러모로 도움이 된다.

7. 한 번에 꼭 한 책만 읽어야 된다는 고정관념을 버려라. 다독을 하기 위해서는 장르가 다른 여러 종류의 책을 한꺼번에 읽는 것도 좋다.

꼭 정독해서 끝까지 다 읽겠다고 하지 않아도 괜찮다. 일단 습관을 들이는 것이 중요하다. 우리는 한 권의 책을 다 읽어야 다른 책을 시작할 수 있다고 생각한다. 그러나 그렇지 않다. 때와 장소에 따라 맞는 책이 있으므로 동시에 여러 권을 잡을 수도 있다. 나는 보통은 두 세권 정도의 책을 돌려서 읽는다. 더 많은 책을 보는 사람도 있다. 한 책을 보다가 조금 싫증이 나면 또 다른 책으로 바꾼다. 또 상황을 보아서도 그렇다. 가방에 넣고 다니는 소책자는 짬짬이 틈이 날 때 읽고, 책상에 꽂아 놓고 읽는 책, 그리고 잠들기 전에 읽는 책, 연구를 위해 읽는 책, 화장실에서 읽는 책 등등. 한 권이 진도가 안 나간다고 다른 책도 손을 대지 못하는 일이 없도록 골고루 읽는 것도 좋다.

8. 내가 머무는 모든 장소에 책을 놓아두라. 조금 무거운 내용, 가벼운 내용, 전공분야, 혹은 그냥 심심풀이 등등의 다양한 책들을 손이 닿는 곳 여기저기 널어두어라. 집안 정리한다고 싹 치워서 저 꼭대기에 올려놓지 말고 책상에, 소파 곁에, 잠자리에, 가방에, 화장실에, 여기저기 책을 놓고 항상 손에 잡히게 하라. 그리고 다 읽은 책은 책꽂이 한 칸에 따로 정리해보라. 나름대로 보람도 있고 더 읽어야겠다는 도전도 된다.

9. 어려운 책은 빨리, 쉬운 책은 천천히 보라. 대체로 사람들은 어려운 책은 천천히, 쉬운 책은 후딱 읽고 치운다. 하지만 실제로는 어려운 책은 빨리 보는 게 더 책을 쉽게 보는 방법이고 쉬운 책은 천천히 봐야 그 의미를 제대로 이해할 수 있다. 어려운 책도 종류가 있겠지만, 일반적으로 신학서가 주로 어렵다. 용어도, 설명도 그렇다. 한번은 과제로 받았던 책을 읽다가 어찌나 화가 나던지 고등학교를 다니던 아들에게 주어서 읽어보라고 했다.

"너 여기 좀 읽어볼래? 이 페이지 읽어봐."

"……. 엄마, 우리나라 한글이 맞는데, 무슨 말인지 모르겠네. 이 책 뭐야?"

"나도 우리나라 사람이 맞는데 모르겠다, 얘!" 하며 서로 웃었다.

책이 너무 오래되어서 표현이 그런 경우, 신학 지식이 없어서 어려운 경우, 번역이 잘못되어서 어려운 경우 등 다양하다. 그러나 어떤 경우든 어려운 책은 빨리 보는 것이 더 이해가 쉽다. 천천히 오래 보는 것보다 빨리 두 번 보는 것이 훨씬 이해가 빠르다. 왜냐하면 너무 어려워서 천천히 읽다보면 자꾸 조그만 미궁 속으로 빠져들어 전체 그림을 보지 못하게 되기 때문이다.

그렇다면 쉬운 책은? 사람들은 쉬운 책일수록 수준이 낮다고 생각한다. 그러나 그렇지 않다. 쉽게 쓰인 책들일수록 이면에 깊은 의미를 담고 있는 경우가 더 많다. 쉬운 책을 대충 훑고 지나가면

단어의 뜻만 읽고 지나갔지 저자의 의도는 하나도 잡아내지 못할 수 있다. 따라서 어려운 책일수록 속도를 내서 읽어야 전체그림을 놓치지 않고 맥을 잡을 수 있고, 쉬운 책일수록 천천히 생각하며 읽어야 참된 의미를 놓치지 않을 수 있다.

10. **책은 더럽게 보기로 작정하라.** 나는 개인적으로 책을 깨끗하게 본다는 건 별로 의미가 없다고 생각하는 사람 중 하나다. 책을 읽을 때 반드시 펜을 가지고 책을 보라. 책을 보면서 어떤 상황에서 놀라운 영감이 떠오를지, 깨달음이 있을지 모르는 일이다. 그리고 책을 읽을 때는 다 아는 것 같지만 덮고 나면 금새 잊어버리기 마련이다. 명심 또 명심할 것은 '절대로 내 머리를 믿지 말라'는 것이다. 지나면 모두 잊어버리게 된다.

그러므로 책을 읽으면서 감동받은 부분은 반드시 밑줄을 긋고, 더 깨달은 것이 있으면 반드시 옆에 느낀 점을 자세히 적어 놓는다. 때로는 그것이 어떤 상황에서 응용이 될 수 있을지도 적어 놓으면 좋다. 설교, 교사회의, 기도회 등등 사역과 관련해 적용할 수 있다. 한 권의 책을 읽으며 얼마나 많은 깨달음과 아이디어가 떠오르는데, 그것을 표시해두지 않는다면 나중에 설교에 인용하려고 해도 도대체 어느 책인지, 어느 부분인지 도저히 찾을 수가 없다. 그래서 결국 써먹을 수 없게 된다.

앞에서도 말했듯이, 가능하면 그때 외우고 더 나아가, 요란하게 표시를 해두고 어디에 쓸모가 있는 내용인지도 기록을 해둔다. 그러면 나중에 자료를 찾을 때 정말 용이하게 잘 찾아서 쓸 수 있다. 책은 더럽게 쓸수록 내 것이 된다. 쓰면서 머리에 정리되고 그렇게 기억되면서 재활용될 수 있다.

11. 자기만의 표시를 정하라. 나는 좋은 내용은 밑줄을 긋고 갈매기 표시(v)를 한다. 더 좋은 것은 갈매기 표시가 두개(vv), 그보다 더 좋은 것은 별표(☆), 정말 좋은 것은 영어로 'good!' 등, 나만 아는 '좋다'는 강도 표식이 있다. 그리고 읽다가 만 책은 아래쪽을 조금 접어서 표시하고, 내용이 좋아서 나중에 다시 펴보고 싶은 페이지는 위쪽 모서리를 접어서 표시한다. 아래쪽은 의미가 없는 것이지만 위쪽 접힌 페이지는 내가 다시 보고 참고할 만한 페이지다. 나중에 자료를 찾을 때 한 책을 잡으면 위쪽 접힌 모서리들만 대충 펴보면 내가 써놓은 아이디어들을 찾아낼 수 있다.

12. 한 분야에 관심이 있다면 그 분야의 모든 책을 섭렵하라. 만약 새가족에 관심이 있거나 그것이 나의 사역이다 할 경우에 그 분야에 나온 모든 책을 섭렵하라. 그러고 나면 전체 그림이 대충 보이고 부족한 것이 무엇인지 알게 된다. 새가족부를 맡고 나서 나는 서점에 있는

새가족 교육에 대한 책을 한꺼번에 20권정도 사들고 온 것 같다. 그리고 앉아서 그 책들을 연구했는데, 그 과정에 배움도 얻었지만 자신감도 얻었다.

20여 년 전 치유에 관심을 갖게 된 적이 있었다. 우연히 책 한권을 읽은 것이 계기가 되었는데, 그때는 그야말로 '치'라는 글자가 들어간 책은 다 찾아서 읽은 것 같다. 치유건 신유건 은사건 할 것 없이 그 분야의 모든 책을 다 섭렵했다. 그러고 나니 이론적인 것에 대해서는 전체 그림과 성향이 보였다.

물론 어떤 분야에 대해 관심이 있고 연구하기 위해서 책을 보았겠지만, 절대로 한권 읽고 그 분야에 대해서 이러쿵저러쿵 말하지 않아야 한다. 책이라는 것은 사람이 쓰는 것이므로 경향성을 반드시 가지고 있다. 신학의 차이, 개인적 성향의 차이, 지식의 차이 등 다양한 차이가 있다. 따라서 책 한권이 모든 것을 통전적으로 포함하는 경우는 드물다. 그러므로 각종 책들을 보고 각각의 장단점과 다양성을 모두 접한 후 어떤 줄기를 잡고 어떤 것을 보완할지를 결정해야 한다.

설교는 쉬운 일은 아니다. 하지만 남들이 한다면 못할 이유도 없다. 나는 자전거를 타는 사람들을 정말 부러워했었다. 하지만 무서워서 배울 용기를 내지 못했었다. 그때 친구가 옆에서 이런 말을 했다.

"내가 탈 수 있으면 너도 탈 수 있어. 민정아, 해봐."

그렇게 난 자전거를 배웠고, 그 말을 기억하며 운전도 배웠다.

'다른 사람들이 운전하는데 왜 내가 못해!'

예수님께서 하신 일 그보다 더 큰일도 우리가 할 수 있다 하셨는데, 예수님도 아닌 수많은 인간들이 하고 있는 일을 나만 못하라는 법이 있겠는가? 누구나 할 수 있는 일이라고 생각한다. 다만 노력하지 않을 뿐이다.

13. 모두 적어라. 생각이 떠오르는 때를 놓치면 10배로 힘들다. 책을 쓸 때도 설교를 준비할 때도 마찬가지다. 때론 의도하지 않았는데 갑자기 많은 아이디어가 몰려올 때가 있다. 잠들려 할 때, 운전 중에, 혹은 책을 읽거나 성경을 읽는 중에……. 그럴 때면 내게 설교할 기회가 몇 년 후에도 없을 것 같은 상황이라 할지라도 모두 적어 놓는다. 구구절절 다 기록해서 완성본을 만들려고 하면 여건이 맞지 않아 못한다. 그래서 노란 포스트잇에 서론과 대지들, 결론과 떠오르는 예화 정도를 적어서 관련된 성경에 붙여놓는다. 그때그때 적어놓은 내용들을 나중에 다시 읽어보면 우스개 표현으로 "신이시여! 제가 이 글을!" 하는 감동적이고 참신한 내용이 얼마나 많은지 모른다.

자신을 무시하지 말고 떠오르는 내용을 메모해 놓으라. 그것들이 쌓이면 갑자기 심방을 가게 되거나 생각지 못하게 말씀을 전할 기회가 되었을 때 당황하지 않고 10분 안에 말씀을 정리해서 전할 수 있다. 그리고 어디든 기회가 있을 때 그것이 5분이든 50분이든 준비된 말씀을 간단명료하게 전달한다면 정말 영감 있고 실력 있는 사역자로 인정받을 것이다. 한 시간을 준비해서 고작 얻은 기회로 5분 설교를 한다고 아쉬워 할 필요는 없다. 왜냐하면 5분으로 성도를 감동시킨다면 1시간 지루하게 설교한 것보다 훨씬 위대해 보이니 말이다.

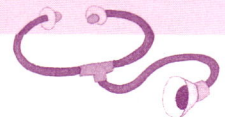

서바이벌 체크 ✓

☕ 읽고 싶었던 책의 리스트를 적어보라. 그리고 한 달 후에 체크해보라.

☕ 동료의 책꽂이에 있는 책 가운데 읽을 만한 것이 있다면 적어보라.

☕ 일주일 가운데 언제 짧은 설교 한편을 만들 수 있는지 생각하고 적어보라. 1시간만 정하라.

요일 :   오전/ 오후 :   몇 시간:

☕ 지금 당장 수첩 한 부분을 ≪아이디어 상자≫ 라고 표시해놓으라. 그리고 떠오르는 생각을 무조건 적어보라. 그것이 당신을 독창적으로 만들어줄 기초가 된다.

한국 교회에서
여 전 도 사 로
살 아 남 기

당당함은 어디서 오는가?
스킬을 위한 약간의 노력
논리성도 연습해야 한다

chapter

9

당당하고 조리 있게
말하는 법을 연습하라

1 2 3 4 5 6 7 8 **9** 10 11

유태인 학생들이 공부를 하다가 담배를 피워도 되는지 안 되는지를 놓고 서로 논쟁이 벌어졌다. 그러자 한 학생이 참지 못하고 탈무드를 가르치던 스승에게 물었다. "스승님, 탈무드를 공부할 때 담배를 피워도 괜찮겠습니까?" 하고 묻자 스승은 "안 돼!"라고 냉정한 말투로 대답했다. 그러자 다른 유태인 학생이 "너는 질문 방법이 잘못되었어. 내가 하는 걸 잘 봐."하며 스승에게 다가가 말했다. "스승님, 담배를 피우는 동안에도 탈무드를 읽어야겠지요?" 하자, "물론이지, 읽어야 하고말고."라며 대견한 듯 고개를 끄덕였다고 한다.

똑같은 내용의 말이었지만 어떻게 전달하느냐에 따라서 부정을 긍정으로 바꿀 수 있는 것이 말의 힘이다. 입으로 내뱉는다고 모두 말이 되는 것이 아니다. 특히 설득을 필요로 할 때, 이해를 시키려 할 때, 동의를 구할 때는 특히 그렇다. 하물며 하나님의 말씀인 복음을 전할 때는 얼마나 더 중요성을 부여하고 조심스러워야겠는가. 그런 의미에서 말을 조리 있게 하는 것, 강의나 설교를 잘하기 위해 노력하는 것은 사역자에게는 꼭 필요한 영역이다.

말 재주는 사실 어느 정도 타고 나는 부분이 있다. 그러나 달변가가 꼭 말을 잘하는 것이라고 보기는 어렵다. 위의 예에서도 그런 것처럼 말을 술술 잘하는 것 자체가 중요한 것이 아니라 얼마나 효과적으로 상대방에게 전달하느냐가 더 중요하기 때문이다. 여자 전도사들이 가장 자신 없어 하는 부분이 공적인 자리에서 앞에 나가 말하는 것이다. 어떻게 하면 말을 지금보다 조금 더 잘 할 수 있을지, 어떤 연습이 도움이 될지 생각해 보려고 한다.

당당함은 어디서 오는가?

여자 전도사들이 많은 사람들 앞에 서서 대담하게 말씀을 전하지 못하거나, 힘들어 하는 이유는 매우 복합적이다. 앞에 서보지 못한 경험부족도 있고, 또 여자는 부끄러워하거나 빼는 것이 미덕이고 예의라고 배운 영향도 있다. 또 자신이 하는 말은 확실한 것이 아니라 틀릴 수 있다는 자신감 부재도 있다. 혹은 자신의 외모나 목소리에 대한 콤플렉스 등 이런 것들이 복합적으로 영향을 끼쳐 더욱 더 안 좋은 상황을 만들어 간다.

하지만 생각해 보라. 당신이 말하려고 하는 것이 당신의 사심인가? 그것이 비단 설교가 아니라 하더라도 광고나 정보 공지일지라도 그건 교회사역의 일부다. 만약 말씀을 전하는 일이라면 그 내용이 당신의 생각을 말하는 것인가? 아니다. 하나님의 말씀을 전달하는 것이다. 그렇다면 하등 문제될 것이 없다. 내 생각을 강요하는 것도 아니고, 나를 위해 뭘 해달라고 하는 것도 아니다. 내용에는 문제가 없다. 더 극단적으로 표현한다면, 어쩌면 내가 자신 없어 하고 부끄러워하고 있는 대상이 하나님의 복음이라는 생각을 해본 적은 있는가?

한번은 강의를 하고 내려왔는데 밖에서 한 남자 성도가 기다리고 있었다.

"전도사님. 저는 오늘 교회를 처음 방문한 사람입니다. 말씀은 너무 감동적이고 좋았습니다. 하지만, 강의를 들으며 한 가지 의문이 들었습니다. 어떻게 그렇게 자신 있게 말씀하실 수 있는지 궁금합니다. 어떻게 그렇게 당차고 확신 있게 말씀하실 수 있습니까?"

나는 처음에 그가 나를 교만하게 여겨서 하는 질문이라 생각해서 무척 당황했었다. 그러나 조금 더 대화를 나누며 질문의 의도를 살피니 그런 것은 아니었다.

"성도님, 저는 제 인생에 많은 실패를 경험한 사람입니다. 어쩌면 전혀 당당할 수 없는 사람인지도 모릅니다. 하지만 저는 제 이야기를 하는 것이 아니라 하나님의 말씀을 있는 그대로 전했을 뿐입니다. 제 생각이나 제 말이라면 전 이렇게 확신 있게 말 못합니다. 그러나 제가 전하는 것이 하나님의 말씀이라면 제가 당당하게 전하지 못할 이유가 없습니다."

우리가 빼거나 부끄러워하지 말아야 하는 것, 당당하고 확신 있어야 하는 이유가 바로 여기에 있다. 우리가 전하는 것은 복음이고 하나님의 말씀이고 사역이다. 상상해보라. 방송 사회자가 초특급 게스트를 모셔놓고 그 사람을 소개하는데 막 창피해하고 주저주저하면서 "저, 죄송하지만 이분은……, 뭐 그렇게 대단한 건 아니지만……, 정말 훌륭한 분이신 것 같기도 하고……, 제가 말을 잘 못해서……." 했다면 얼마나 우스운 일이겠는가. 아마도 초대받은 게스트는 오해할 것이다. '저 사람은 내가 창피한가?'라고.

우리의 당당함은 바로 우리가 전하는 내용에 있다. 부끄러워하고 주저하는 나 때문에 내가 전하려는 하나님이 부끄러운 존재처럼 여겨질 수도 있다는 것을 기억하며 용기를 내자.

스킬을 위한 약간의 노력

은혜 받았다고 말을 다 잘하면 얼마나 좋겠는가. 하지만 현실은 그렇지 않다. 실제적인 연습과 조정 작업이 필요하다. 이미 알고 있겠지만, 설교든 강의든 말을 할 때 메시지의 전달이 전적으로 내용에만 달려있는 것은 아니다. 선교학에서 커뮤니케이션 이론을 보면 메시지 전달, 즉 의사소통에는 70%이상이 다른 요소들에 의해서 결정된다고 한다. 전달하려고 하는 본래 내용을 주 메시지, 그 이외의 것들 즉 행동, 표정, 억양, 태도 등과 같은 것을 부차적 메시지라고 한다면 효과적인 메시지 전달에 작용하는 것은 부차적 메시지가 훨씬 더 많은 영향력을 미친다는 사실이다.

달리 말하면 내용의 짜임새나 깊이를, 변화시킬 능력이 없다 하더라도 말하는 태도나 스킬을 조금만 바꾸면 지금보다 훨씬 더 효과적으로 말씀을 전할 수 있다. 사람들은 이런 부차적인 메시지를 통해서 저 사람의 말을 믿을 것인가 아닌가를 결정한다고 한다. 스스로도 자기가 하는 말을 확신하지 못해서 주저한다면, 청중들은 이미 그 말을 받아들이지 않고 지나쳐버리기로 결정해버릴지도 모른다.

우리도 교회에서 늘 경험하지 않는가. 똑같은 광고를 해도 담임목사님이 하는 것과 부교역자가 하는 것이 다르다는 것을. 왜 그런가? 내용이 달라서가 아니다. 똑같은 내용이더라도 그들의 마음에 믿고 집중하는 결정이 다르기 때문이다. 당연히 어느 교회나 담임목사님이 가진 권위를 부교역자가 넘어설 수는 없다. 그러나 우리가 기대하는 것은 최소한 현재보다는 조금 더 나은 신뢰와 집중력을 가지고 말씀을 전할 수 있는 진보다. 이것을 위해서는 약간의 변화를 시도할 필요가 있다.

나는 단에 설 때마다 하나님 앞에 한없이 부족하고 죄 많은 인간이 감히 하나님의 말씀을 전한다는 사실이 너무 죄스러울 만큼 감사했다. 게다가 안타깝게도 나는 말이 굉장히 빠른데다가 발음도 살짝 혀 짧은 소리가 나는 편이었다. 안 그래도 하나님 앞에 말씀을 전하는 것이 송구한 판에 말씀을 전달하는 도구가 되는 나 자신이 가진 핸디캡이 늘 마음에 걸렸다. 그래서 수년 동안은 말씀을 전하면서 발음에 신경을 많이 썼다. 하나님의 복음을 전하는데 내 발음이 좋지 않아서 제대로 듣지 못하는 사람이 하나라도 있으면 어쩌나 하는 마음 때문이었다. 혹시 내 목소리가 쇳소리가 나지는 않는지, 발음 때문에 불쾌하지는 않는지, 내 태도가 교만해 보이지는 않는지 그래서 내용을 듣기도 전에 거부감을 갖지는 않을지 늘 노심초사하며 말씀을 전했다.

그 덕분인지 아니면 하나님의 격려인지는 모르지만, 고교동창들을 중심으로 모인 한 신우회에서 말씀을 전할 일이 있었다. 장로님,

권사님 등 연령층이 평균 50세 이상 정도 되는 모임이었는데, 그곳에서 강의를 마치자 이구동성으로 하는 이야기가 말씀이 너무 귀에 쏙쏙 잘 들어온다는 것이었다. 내겐 그 평가가 내용이 좋다는 말 만큼이나 감사했다. 실은 연령층이 많아서 말도 천천히 하고 발음에도 더 신경을 썼기 때문이었다. "목소리도 너무 가늘지 않고 발음이 무척 정확해서 듣기가 참 편했어요. 고마워요." 하며 손을 잡아주시던 권사님들 반응이 내게는 큰 격려와 보람이 되었다.

지금도 나는 배워야 하는 입장이지만, 아직 자신감을 갖지 못하고 스스로가 앞에 나서서 말을 잘하지 못한다고 생각하는 사역자가 있다면 그를 위해 몇 가지 작은 스킬을 제공하려고 한다.

1. **얼굴을 똑바로 들고 말하라.** 나도 목소리가 좋은 편은 아니다. 녹음된 것을 들어보면 참 답답하다는 생각을 한다. 그런데 고개를 숙이고 말하면 목이 잠겨서 더 답답한 목소리가 나온다. 생각보다 많은 여성 사역자들이 앞에서 마이크를 잡고 말할 때 고개를 너무 자주 숙인다. 이는 자신 없음을, 그리고 확신 없음을 내포하는 강력한 부차적 메시지다. 생각해보라. 사람들은 모두 나를 바라보고 있는데, 나는 원고만 바라보고 있거나 쑥스러워서 아래만 보고 있다면 보는 사람이 얼마나 답답하겠는가. 원고를 볼 때는 잠깐 읽고, 말할 때는 방금 본 원고를 짧게라도 외워서 반드시 사람들을 보면서

이야기하라. 원고를 보면서 그대로 줄줄 읽으려하지 말고, 읽고 이해한 내용을 고개를 들고 자기 말로 이야기하는 습관을 들여라.

사람들은 처음 말을 시작하고 곧 상대를 믿을 것인가 아닌가를 결정한다고 한다. 잘못된 부차적 메시지를 가진 사람들은 주 메시지인 내용을 본격적으로 전달하기도 전에 이미 청중이 거부하기 시작한다. 그러므로 얼굴을 들고 그들과 먼저 교감을 나누어야 한다.

2. **목소리를 크고 분명하게 하라**. 개미소리같이 기어들어가는 목소리는 아무리 내용이 좋아도 알아듣기 힘들다. 아니 듣고 싶어지지 않는다. 어차피 앞에서 전해야 한다면 자신이 있든 없든 큰 소리로 또박또박 분명하게 말해야 한다. 앞에서 전달하는 게 사역자에게 주어진 역할이라면 우리는 거기에 충실해야 한다. 그 상황에서 부끄러움이나 겸손, 양보나 빼는 것은 더 이상 미덕이 아니다. 주어진 역할을 확실하게 해내기 위해 큰 목소리로 분명하게 말하는 습관을 가져라.

처음 미국에 와서 음식을 주문하는데 영어를 워낙 못하니 자신이 없기도 하고 겁부터 났다. 그러다 보니 목소리가 점점 안으로 기어들어갔다. 당연히 상대방은 못 알아듣고 계속 나에게 되물었다. 되물을수록 나는 더 자신이 없어지고 주눅이 들어 악순환이 반복되었다. 시간이 지나면서 난 내 발음이 틀려서가 아니라 소리가 작아서 못 알아들은 경우가 더 많다는 것을 알게 되었다.

언어는 다 마찬가지다. 일단 소리로 전달이 잘되지 않으면 누구도 알아듣기 힘들다. 말할 때 마이크 소리가 청중에게 어떻게 들리는지를 살펴보라. 그들에게 너무 크다면 목소리를 줄여서 귀가 아프지 않도록 해야 한다. 너무 작다면 힘을 내서 큰 소리로 말해야 한다. 모든 것이 성도를 배려하려는 것임을 기억하라.

3. 시선을 명확하게 처리하라. 사람을 만나 대화할 때 이상하게 불안함을 느끼는 사람들이 있는데, 그런 사람들은 대부분 시선이 계속 움직이고 흔들린다. 이처럼 어떻게 청중을 쳐다보느냐는 강의나 설교에서 생각보다 중요하다. 우리 문화는 나이가 많은 어른과 이야기 할 때는 너무 똑바로 보면 결례가 되기 때문에 눈을 마주치는 것을 불편해한다. 하지만 눈을 제대로 쳐다보지 못하는 사람은 극도의 자신감 결여나 진실성이 부족한 이미지를 심어주기 십상이다. 단에 설 때는 시선처리를 분명하게 해야 한다. 사람이 아닌 허공을 바라본다거나 원고를 바라본다거나, 너무 먼 곳을 바라보지 않도록 하라.

사람들을 쳐다보되 너무 빨리 시선을 이동하지 말고 천천히 한 사람 한 사람을 정확히 바라보는 게 좋다. 그리고 자신을 열심히 바라보는 사람만 바라보지 말고, 때론 딴 짓하거나 관심 없어 하는 사람을 성의껏 바라보면 어느 순간 눈이 마주칠 때 자신을 보고 있다는 것을 알고는 흠칫 놀라 집중하기도 한다. 그렇다고 눈에서 레이저 광선을 쏘면서 노려보라는 것이 아니다. 다만 마음을 담아 성의껏 한사람씩 바라보며 이야기하는 것은 청중과의 교감에서 상당히 중요하다.

4. **필요 없는 소리를 제거하라.** 자신은 모르지만 말하면서 습관적으로 하는 추임새 같은 불필요한 소리들이 있다. 예를 들어 '어……, 그러니까……, 정말로……, 진짜로……, 그게……, ……같아요.' 등이다. 습관적이지만 의미 없는 말들은 없애도록 노력해야 한다. 그런 것들에 대해 우스갯소리로 지적받은 적이 있다면 고치도록 노력하라. 그런 추임새들이 말을 어지럽게 만들어서 집중력을 흩어버리기 때문이다.

모든 사역은 상대가 있다. 섬기는 사람을 생각하며 배려하고 노력하려는 사람에게는 늘 변화가 있고 그 변화가 곧 그 사역자의 능력으로 바뀐다. 처음에 나는 이론을 알아서 노력한 것은 아니었다. 다만 잘 섬기고 싶었다. 어떤 영역이든. 그래서 심지어 강의가 있는 날은 붉은 색 계열의 옷을 입지 않았다. 붉은 색은 진취적으로 튀는 색이고 지성보다는 감성을 자극하는 색이다. 그래서 강의가 있는 날에는 의도적으로 푸른색 계열을 입었다. 푸른색 계열이 사람을 지적으로 보이게 할뿐만 아니라 보는 사람들을 차분하게 유도하기 때문이다. 그런 모든 것이 조금이라도 더 효과적으로 맞춰서 사역하고 싶은 성의였다.

탤런트처럼 인형같이 예쁜 얼굴들을 모델 가운데서 찾아보기 힘든 이유를 아는가? 예쁜 얼굴은 옷이 돋보이게 하는 것을 방해하기 때문이다. 옷이 돋보이게 하기 위해 다른 것을 누그러뜨리는 것이다. 그런 의식을 가지고 사역에 임한다면 때론 옷 색깔도, 목소리도, 습관도 조정하면서 사역이 더 돋보이고 나아지기 위해 노력하게 된다.

논리성도 연습해야 한다

그러나 부차적인 메시지가 아무리 좋다 하더라도 내용이 엉망이라면 소용이 없다. 그러므로 무엇보다 중요한 것은 내용이다. 내용이 좋아지기 위해, 혹은 말을 조리 있게 하기 위해 노력해야할 것이 바로 논리성을 키우는 일이다. 논리적이라는 것은 말의 전개에 순서가 정연하고 단계가 있다는 것이다. 반대로 논리적이지 않은 사람의 특징은 이 말했다 저 말했다 두서가 없는 경우가 많다. 말에 두서가 없는 것은 생각이 산만하고 다른 사람의 이야기를 경청하지 않아서다.

대화에는 어떤 식이든 흐름이 있다. 즉 상대방의 이야기를 듣고 그것에 대한 답이 될 이야기를 하고 내 말을 듣고 상대방이 거기에 자신의 생각을 말하면서 대화는 진전된다. 서로 주고받으며 한걸음씩 진도를 나간다.

그런데 논리적이지 않은 사람들은 대부분 상대방의 이야기를 듣는 시간에 다른 생각을 한다. 그래서 자기 이야기만 계속 반복하기 때문에 대화가 발전하지 못한다. 두 사람만의 대화만이 아니라 더 많은 사람들 속에서도 마찬가지이다.

궁금하다고 혹은 생각난다고 뜬금없는 이야기를 아무 때나 던져서 푼수라는 소리를 듣지 않도록 하라. 기승전결을 가지고 말하는 법에 익숙해져야 한다. 즉, 이렇게 생각하는 이유는 무엇인지 그 결과는 어떻게 예상되는지, 원인과 과정과 결과를 생각하며 말해야 한다.

다른 사람들이 지금 무슨 말을 하는지 경청해야 한다. 그래서 대화의 흐름에 익숙해져야 한다. 그리고 다른 사람의 설교를 들으면서 노트필기를 해서 서론 본론 결론이 어떻게 진행이 되는지, 그것들이 잘 꿰어지는지를 관찰하면 많은 도움이 될 것이다.

생각을 적는 습관을 들여라. 특별히 말씀을 묵상하며 적는 습관을 기른다면 논리성을 키우는데 도움이 될 것이다. 말에는 힘이 있다. 그리고 우리가 하는 말은 특별히 복음을 담고 있다. 그것이 우리가 말을 잘하기 위해 노력해야 하는 당위성이다.

서바이벌 체크 ✓

- 다른 사람들이 내가 설명하면 금방 이해한다. ☐
- 생각하는 바를 쉽고 단순하게 설명할 줄 안다. ☐
- 성도들은 내 설교에 항상 신선함을 느낀다. ☐
- 단에 설 때 성도들과 담대하게 눈을 마주칠 수 있다 ☐
- 내 설교는 내 말이 아니라 하나님의 말씀이라는 확신이 있다. ☐

많은 부분을 체크하지 못했다면, 당신 주변에 말을 논리적으로 잘하는 사람들을 관찰하고 무엇이 다른지 그 장점을 찾아 내 것으로 만들어보라.

한국 교회에서
여 전 도 사 로
살 아 남 기

**능력 있는 사람보다 믿을 수 있는 사람
가운데에도 눈이 필요하다**

chapter

10

심방을 하려면
가운데 눈을 개발하라

1 2 3 4 5 6 7 8 9 **10** 11

어린 시절 읽은 동화책에 이런 이야기가 있었다. 옛날 어느 나라에 어린 공주가 살았다. 공주는 왕과 왕비의 사랑을 듬뿍 받고 살았고, 공주가 원하는 것이라면 무엇이든 안 들어 주는 것이 없었다. 그러던 어느 날 공주는 하늘에 떠 있는 달을 보고 불현듯 그 달을 갖고 싶다는 마음이 들었다. 그래서 공주는 아버지인 왕에게 달을 따 달라고 보채기 시작했다. 왕과 왕비는 공주에게 달은 따올 수 없는 것이라고 열심히 타일렀지만 공주는 포기하지 않고 달을 따 달라고 졸라대다가 결국 밥도 끊고 앓아누웠다. 공주가 병에 걸리자 왕은 유명하다는 학자에 의원에 온갖 사람들을 불러 공주를 설득하도록 명했다. 그들은 모두 공주에게 달은 절대로 따올 수 없다고 말하였다.

"공주님, 달은 너무 멀리 있어서 가까이 다가갈 수도 없습니다. 달을 따오는 것은 불가능합니다."

"공주님, 공주님은 달을 너무 생각하셔서 병이 나신 것 같습니다. 이제 더 이상 달을 생각하지 마십시오."

모든 사람들이 이렇게 조언했지만 공주는 굶기를 불사하고 달을 따달라고 졸랐다. 그때 늘 가깝게 지내던 한 광대가 나타나 자신이 설득을 해 보겠다고 나섰다.

"공주님, 달은 어떻게 생겼나요?"

"동그랗게 생겼지."

"그러면 달은 얼마나 큰가요?"

"그것도 몰라? 달은 내 손톱만하지. 내 손톱으로 가려지잖아."

"그럼 달은 무슨 색인가요?"

"달이야 황금빛이 나지."

"알겠어요, 공주님. 제가 가서 달을 따올 테니 조금만 기다리세요."

광대는 왕에게 아뢰어 손톱만한 동그란 황금 구슬을 만들어 공주에게 가져다주었다. 공주는 뛸 듯이 기뻐했지만 광대는 저녁이 다가오자 걱정이 되었다. 달을 따 왔는데, 밤에 달이 또 뜰 테니 말이다.

"그런데 공주님, 달을 따왔는데 오늘밤 달이 또 뜨면 어쩌죠?"

"이런 바보. 그걸 왜 걱정해. 이를 빼면 새 이가 또 나듯이 달도 마찬가지야. 달이 꼭 하나만 있나? 호수에도 있지 물 컵에도 있지 세상 천지에 가득하잖아. 하나쯤 떼어 온다고 해도 전혀 문제될 거 없어."

이 예화가 심방이나 상담에 대해 모든 것을 설명할 수는 없겠지만 사람을 이해하는 일이 얼마나 중요한지, 사람이 말하려는 의도가 무엇인지를 아는 것이 왜 필요한지를 잘 말해준다. 심방이나 상담을 위해서는 사람을 이해하는 것이 가장 중요하다. 그리고 누구나 그러고 싶어 한다. 그럼에도 불구하고 모든 사역자가 다 심방이나 상담을 효과적으로 하는 것은 아니다. 왜냐하면 우리는 대부분 위 예화의 학자나 의원처럼 자기가 가진 답으로 상대를 일방적으로 설득하려고 하기 때문이다.

성경에는 원칙이 있다. 그러나 그것이 모두 문자적인 의미를 잣대로 하라는 것은 아니다. 때로는 심방을 통해 답을 알려주려고 성급하게 덤비는 사역자가 많다. 그러나 솔직히 답을 모르는 사람은 그리 많지 않다. 답을 몰라서가 아니라 때론 자신의 마음을 몰라서인 경우가 더 많다.

과학자는 과학의 눈으로만, 의사는 의학의 눈으로만 교역자는 종교적인 눈으로만 바라보려고 한다. 하지만 성도는 성도의 삶을 살고 있기에 교역자가 하는 말이 때로는 시절 좋은 베짱이의 소리로 들린다.

어떤 권사님은 한숨을 쉬며 이렇게 한탄했다.

"젊은 목사님들이 심방 오면요, 내가 무슨 말을 하는지 못 알아들어요. 경험이 없어서 그런지. 그래서 요즘은 기대도 안 해요. 그냥 잘 대접하고 보내드리죠. 어쩌겠어요. 그게 그분들의 한계인데, 이해해야죠."

이게 무슨 말인가? 교역자가 성도를 돌보는 게 아니라 성도가 교역자를 봐주고 돌보는 듯한 인상이다. 이미 그 권사님은 여러 번 시도해서 실패했었기에 이미 포기하고 정리가 되어 있었다. 교역자에게 말해봐야 말귀도 못 알아듣고 답이나 외우고 간다는 것을 말이다.

대부분의 교역자들은 직장생활을 해본 경험도 없고 신학교가 아닌 일반대학을 다녀본 적이 없다. 사회생활을 해 보지 않았으니 사회가 얼마나 치열하고 처참하고 강한 유혹 속에서 실패를 반복하며 생존해 나가야 하는지 잘 모른다. 그러다보니 그 심정이나 애환을 모르는 것은 어쩌면 당연한 일인지도 모르겠다.

하지만 불행하게도 그런 교역자들이 세상에 나가 싸우는 성도를 위로해야 하는 위치에 있다. 그렇다고 교과서만 외우듯 성경 구절만 가지고 문자를 들이댈 수는 없다. 물론 성경이 답이지만, 성도가 가장 원하는 것은 그 마음을 알아주는 것이다. 그렇기에 최소한 우리는 내가 경험하지 못한 세상을 이해하기 위해 노력해야한다.

광대가 답을 얻어낼 수 있었던 것은 발상의 전환이 있었기 때문이다. 답은 공주 자신에게 있고, 자기가 알고 있는 것이 문제 해결의 답이 아닐 수 있다는 역발상 말이다. 교역자의 눈으로 성도를 바라보면 성도의 입장을 놓치게 된다. 평신도의 입장에서 모든 것을 바라보는 습관을 가져라. 그들의 기준에 맞추어 그들이 원하는 대로만 인도하라는 것이 아니라, 그들의 입장에서 바라보고 그 자리에 서서 가야할 길을 함께 찾기 위해 노력하라는 의미다.

공감한다는 것은 상대가 말하는 의미를 정확히 이해하는 것이 우선이고, 성급히 답을 주려는 마음을 자제하는 것이다. 심방은 답을 달러 가는 길이 아님을 기억하라. 성도들의 아픈 가슴은 답을 달아준다고 위로받고 힘을 얻는 것이 아니라, 자신의 입장이 되어 함께 아파해 줄 때 위로를 받는다. 자리바꿈, 교역자의 자리에서 그들의 마음을 읽지 말고 그들의 자리로 자리바꿈을 한 후 그 마음을 헤아려보라. 어쩌면 그들 스스로가 답을 제시할 수도 있다.

능력 있는 사람보다 믿을 수 있는 사람

개척 교회를 섬긴지 수년이 되었을 때 한 청년 자매가 교회 안의

한 형제와 결혼했다. 결혼하고 수개월이 지난 후 기다리던 임신을 하게 되었다. 만삭이 되어 오늘 내일 출산할 날만 기다리고 있었고 사정상 제왕절개를 해야 했던 터라 수술 날을 잡아놓고 그 전날 정기검진을 다녀왔다. 그리고 출산 날이 되어 아침에 병원을 갔는데 이게 웬일인가. 아이가 배 안에서 사망하였다는 청천벽력 같은 진단을 받았다. 바로 전 날까지만 해도 살아있었고 문제가 없던 아이가 하루 사이에 그리된 것이었다.

울며 전화가 왔다. '사모님. 제 아기가 죽었대요. 어떻게 하면 좋아요. 지금 제게 와주세요.' 한 걸음에 달려갔다. 어제 본 자매는 남산만한 배를 안고 환하게 웃는 모습이었는데, 이젠 뱃속에 다 자란 아이를 잃고 울고 있었다. 손을 잡고 얼마나 울었는지 모른다. 기가 막히고 이해할 수 없는 일이었다. 그 일이 있은 이후 그 자매는 나에게 그런 말을 했다.

"아무도 생각나지 않았어요. 그냥 사모님만 떠올라서 친정엄마한테도 전화 안하고 사모님께 먼저 전화 드렸어요."

그 말이 어쩌면 내 인생 전체 사역 가운데 들을 수 있는 가장 영광스러운 고백이었던 것 같다. 고맙게도 그 자매는 자신이 어려울 때는 어떤 상황이건 어디서건 내가 달려와 줄 거라는 믿음이 있었다고 한다. 내겐 너무 과분한 고백이었지만 그 고백이 내겐 훈장 같은 의미의 고백이기도 하다.

누구나 어려움에 처하면 떠오르는 사람이 있다. 자신이 어려울 때 내민 손을 한번 거절한 사람은 다시 찾지 않는다. 작든 크든 그 거절감에 상처가 남기 때문이다. 또 보이는 데서는 나를 이해하는 것 같아서 마음을 열었는데, 뒤돌아서 그것을 가볍게 전하는 것을 직접 간접으로 경험한다면 또한 그 교역자에게 마음을 열지 않는다. 꼭 자신의 일이 아니어도 함께 평신도 심방을 다닐 때, 그 집에서는 눈물 콧물을 다 빼주고는 돌아오면서 그 집에 대해 다른 평을 하며 함께 심방 간 평신도와 대화를 나눴다면 그 사람은 곧 이렇게 생각할 것이다. '나랑 상담할 때도 이럴 수 있겠군. 앞에서는 울고 뒤에서는 판단하다니 겉과 속이 다르네.' 누군가에게 다른 사람의 약점을 이야기했다면 그것을 들은 사람은 당신이 자신도 험담할 것이라고 생각한다. 다른 사람의 약점을 아예 언급하지 않아야 사람들이 당신을 믿어줄 것이다.

세상적인 도움을 구하는 것이 아니라면, 어려운 일이 생길 때 능력 있는 사람보다 믿을 수 있는 사람을 찾게 된다. 그렇기 때문에 아무리 업무 능력이 있는 사역자라 하더라도 사람이 따르는 것은 다른 영역일 수 있다. 이 분이라면 진실한 태도로 나를 대해줄 거라는 믿음이 생겨야 한다. 그러기 위해서는 뒷말을 하지 않아야 한다. 그리고 들은 말은 절대로 입 밖에도 내지 말아야 한다. 그리고 이에 대한 믿음을 주고 실천해야 한다.

만약에 성도들이 내게 상담을 요청하지 않거나 심방 받는 것을 자꾸 꺼려한다면 혹 자신이 성도에게 신뢰받지 못하는 것은 아닌지 돌아보아야 한다. 갓난아이도 나를 안아주는 사람이 나를 사랑하는지 싫어하는지를 느낀다고 하는데, 하물며 어른이 상대방의 마음을 못 읽겠는가. 내가 건성인지 아닌지 성도가 모를 거라고 생각한다면 그건 교역자의 무지함이다.

심방을 하려면 먼저 신뢰받는 사람이 되어야 한다. 입은 무겁게, 귀는 환하게 열어두어라. 심방 가서 교역자가 말을 많이 하는 것보다는 많이 들어주는 것이 좋다. 설령 나와 다른 생각을 말하더라도 끝까지 들어주어라. 중간에 이건 틀렸어요, 저건 안돼요, 라고 자르기 시작하면 그 사람은 어떤 이야기도 하지 않을 것이고 아무런 정보도 얻을 수 없게 된다. 위 이야기의 공주가 마음 문을 닫고 아무 말도 하지 않고 시름시름 앓았다면 그 공주는 소원을 이루기는 커녕 아마 죽었을지도 모른다. 누군가 그 공주의 본심을 꺼내줄 신뢰받는 사람이 필요했다.

가운데에도 눈이 필요하다

그러나 그들의 말을 들으면서 주의하여야 할 것은 말하는 것이

다가 아니라는 사실을 늘 염두에 두어야 한다. 즉, 오른쪽 눈과 왼쪽 눈 말고도 가운데 눈을 계발해야 한다. 눈에 보이는 것, 귀에 들리는 것이 다가 아니라 문제의 핵심을 발견해 낼 수 있는 또 다른 눈을 가져야 한다.

어떤 사람이 실컷 토로하는 교회에 대한 불만은 어쩌면 그 남편과의 불화로 인한 불똥이 엉뚱한 곳으로 튄 것일 수도 있다. 어떤 사람이 아프다고 몸져누웠지만, 그 사람의 진짜 문제는 고부간의 갈등 때문에 육체적인 질병이 온 경우도 있다. 즉, 그들이 토로하는 문제의 원인은 전혀 다른 곳에 있을 수도 있다. 그런 사실을 알기 위해서는 균형 잡힌 안목과 지혜가 필요하다. 당신이 어느 한쪽의 입장에 치우쳐 고집스럽다면, 다른 사람의 이야기에 귀 기울이지 않고 자기주장만 한다면 아무도 당신에게 심방 받고 싶지 않을 것이다.

결국 내 삶 자체가 인간의 삶에 관심을 가지고 있어야 하고 어려운 사람의 삶에 마음을 담는 삶이어야 한다. 마음에 성도를 향한 진정한 사랑의 눈물이 있어야 하고, 진실한 성경적 삶으로 인도하고자 하는 깊은 열정이 있어야 한다. 그리고 정죄하고 판단하기보다 이해하고 돕기를 우선하는 마음이 진실되어야 한다.

같은 교역자들이지만 내게 기도가 필요할 때 부탁하는 교역자는 정해져있다. 왜냐하면 다른 사람들은 '네. 그럼요.' '네, 기도할게요.'라고 대답하지만 안한다는 걸 알기 때문이다. 하지만 내가 아주 간단히 기도를 부탁해도 꼭 기도해주는 사람이 있다. 난 자동적으로 늘 그 사람에게만 기도를 부탁했다. 그 사람이 신뢰받는 사람이다. 안 해주는 사람에 대해 불만은 없다. 충분히 이해한다. 그러나 신뢰하지는 않는다. 성도도 마찬가지다. 내가 부탁하는 입장이니 욕하지는 않는다. 하지만 신뢰하지는 않는다.

내가 가난해 보기 전에는 먹을 것이 없어서 굶는 사람은 요즘 시대에는 별로 없을 거라 생각했었다. 그러나 사실은 달랐다. 진짜 가난을 경험해 보고서야, 그 전에 '얼마나 힘드세요. 기도할게요, 잘 지내세요.' 라고 했던 말이 허공에 울리는 꽹과리라는 것을 알게 되었다. 나도 수 없이 그런 마음에도 없는 가식적인 인사말을 해왔었지만 그게 가식인지도 몰랐다. 그런데 내가 그 입장이 되어 보고서야 그 말이 아무 의미 없는 추임새라는 것을 알게 되었다.

정말 먹고 살기 힘들 정도로 가난했던 사역자의 시절이었다. 노점상을 하시는 한 권사님이 꼬깃꼬깃한 천 원짜리 2장을 손에 보이지도 않게 꼭 쥐고 계시다가 뒤돌아 선 채로 내 손에 황급히 쥐어준 적이 있다. 그때 나는 사역자였지만 그 권사님께 가장 눈물 나는 심방을 받은 기분이었다. 먹을 것이 없어보고서야 가난의 의미를 알게 되었다. 그리고 그 가난을 위로할 단어가 어떤 것인지 구별하게 되었다. 수술대에 올라가 보고서야 질병 앞에 무기력한 인간의 두려움을 알게 되었다. 상실을 경험하고서 인간이 왜 스스로 죽음을 선택하려고 갈등하는지를 알게 되었다. 그러나 사람이 이 모든 것을 경험해야만 이해와 공감을 얻는 것은 아니다. 하나님 아버지의 마음을 얻으면 인간을 이해할 수 있다. 예수님께서 모든 것을 다 겪으셨기에 성령님의 도우심으로 우리 또한 긍휼의 마음을 가질 수 있다.

목회는 사람을 향한 일이다. 사람을 이해하지 못하면 아무리 외형을 잘 갖추고 능력이 있어도 알맹이가 다 빠진 것과 같다. 어쩌면 그래서 많은 교역자들이 다른 사람들보다 아픔과 어려움을 더 많이 겪으며 사는지도 모른다. 그것으로 더 많은 사람들을 이해하고 안아줄 수 있는 가슴을 만들어 가시는 건 아닐까.

그런 의미에서 사역자의 어려운 삶은 때로는 훈장 같기도 하다. 어려움을 통해 살아남았다면 그의 믿음이 검증된 것이요, 그 어려움을 통해 남들이 갖지 못한, 넓고 깊은 안목을 가졌을 테니 말이다. 그러한 과정으로 하나님의 종인 사역자가 가져야 할 것이 바로 가운데 눈이다. 보이지 않는 눈, 하나님의 시선으로 바라보는 눈, 균형 잡힌 믿음의 눈, 나이 고하를 막론하고 어미의 마음으로 바라봐 줄 수 있는 사랑의 눈 말이다. 그 눈이 있다면 비록 해결책을 턱하니 내놓을 수 없어도, 똑똑하지 못해도, 모든 것을 다 경험하여 통달하지 못했다 하더라도 우리는 충분히 그들의 마음을 일으켜 세울 수 있는 훌륭한 사역자가 될 수 있다.

서바이벌 체크 ✓

- 다른 사람의 말은 누구의 말이든 언제나 진지하게 경청한다. ☐
- 외롭고 아픈 사람, 소외된 사람을 보면 마음이 아프다. ☐
- 나에게는 항상 상담을 요청하는 사람이 많다. ☐
- 하루에 하는 말 가운데 책망이나 질책보다는 칭찬이나 격려가 훨씬 많다. ☐
- 다른 사람들에게 겸손하다는 평을 자주 듣는다. ☐

사람을 대하는 방법에서 자신의 강점이라고 생각하는 것을 적어보자. 장점은 최대한 살리고 약점을 차츰 보완하기 위해 기억하자.

_____

_____

_____

_____

_____

한국 교회에서
여 전 도 사 로
살 아 남 기

그 사람이었기에 할 수 있는 것
위기에 떨어져 죽지 말라

chapter

11

나만의 창조적
영역을 만들어라

1 2 3 4 5 6 7 8 9 10 **11**

나는 어린 시절부터 꿈이 별로 없었다. 좀 더 정확하게 말하면, '무엇이 되겠다'는 꿈이 없었다. '평생 주의 일을 하면서 교회에 사는 것'이 어린 시절부터의 꿈이었다. 그냥 주님이 좋았고 주를 위해 살고 싶었다. 그러다 보니 주를 위해 열심히 사는 사람들이 참 부러웠다.

신학을 시작하기 전, 말씀을 전한다는 것은 엄두도 내지 못할 때였다. 나는 20대였고 패션디자이너로 생활하고 있어서 교회 일에 관한 어떤 전문적인 것도 없었기에 한계가 있었다. 그때 이런 생각을 했다. '난 신학을 하지 않아서 말씀을 연구하거나 전할 수는 없지만, 기도는 신학을 안 해도 할 수 있는 거잖아.' 라고 말이다. 그래서 그 때부터 기도훈련에 관한 책을 사다 놓고 혼자 공부를 하면서 기도하기 시작했다.

일단 너무 무식하게 기도하면 안 되니까 어떤 것이 올바른 기도인지를 알자 싶어서 책자를 보면서 책이 새카맣도록 답을 쓰고 내 기도제목들을 쓰면서 공부하고 실제로 매일 기도하기 시작했다. 어떤 때는 한 시간 어떤 때는 두 시간씩 매일 기도했다. 말씀이 안 된다면 나는 기도의 전문가가 되겠다는 심산이었다. 심지어는 3시간 반도 기도했다. 그때 나는 주님께든 사람에게든 내세울 것이 없다고 생각했다. 다른 사람들은 신학을 공부하고 점점 발전하는데 나만 퇴보하는 것 같았다. 어떻게든 내 여건에서 내가 인정받을 수 있는 나만의 영역을 만든다면 시간이 지나도 퇴보하거나 뒤처지는 것이 아니라 누구 앞에서든 하나는 내세울 수 있는 하나님의 일꾼이 될 수 있을 거라는 생각이 들었다.

죽어라 1년을 기도에 묻혀 살았다. 물론 그때가 기도생활의 처음은 아니었다. 대학 때 은혜를 받고 한 2년 미친 듯 기도하며 산 적이 있었지만 그 때는 아무 것도 모르던 시절이었고, 그 이후 결혼하고 난 다음에 다시 기도를 나의 영역으로 만들겠다고 작정하였다. 그 덕에 가정에서, 교회에서, 하나님 앞에서 어느 정도 기도라는 영역에 대해 조금씩 인정받게 되었다.

하나님의 뜻을 분별하고 선택하는 일들에 대해 사람들이 내 변화를 느끼기 시작했다. 내가 하는 말을 흘려듣지 않고 귀담아 듣게 되었고 어려운 일이 생기면 내게 찾아와 상담을 하거나 기도요청을 하는 일이 늘어났다. 어쨌든 기도라는 영역은 확실히 나의 특별한 영역으로 자리 잡게 되었다.

주어진 환경이나 자신이 가진 자질들은 모두 다르다. 겉으로 보기에 어떤 사람은 많은 것을 가졌고 어떤 사람은 덜 가진 것처럼 보이기도 한다. 하지만 어떤 상황이든 나만이 할 수 있는 일을 하나님께서는 분명 우리에게 주셨다. 그것을 찾고 계발하고 만들어가는 것은 바로 나 자신의 몫이다.

그 사람이었기에 할 수 있는 것

느헤미야의 이야기를 통해 사역에는 자신만이 할 수 있는 고유한 영역과 위치가 있음을 알 수 있다. 페르시아 왕 고레스가 칙령을 발표하고 나서 유대인들이 스룹바벨의 지도로 고향으로 돌아간 것이 BC 538년경이다. 그 후 BC 458년경 제사장 에스라가 유대인을 이끌고 두 번째 귀환을 했다. 그 후 13년이 지나 느헤미야가 예루살렘에 도착한다.

느헤미야는 우리가 잘 아는 대로 성벽을 건축했다. 하지만 성벽을 재건할 수 있었던 그의 위치는 특별했다. 그는 아닥사스다 왕의

측근 신하였기 때문에 예루살렘 총독으로 부임할 수 있었다.

여기에는 참으로 여러 가지 요소가 복합적으로 작용한다. 그 사람의 배경, 인품, 기질, 능력, 사회적 위치, 훈련받은 경험 등. 그러므로 베드로가 그 시대에 살았다면 성벽을 재건할 수 있었을까? 엘리야가 이 시대 예루살렘에 있었다면 성벽을 건축할 수 있었을까? 난 아니라고 본다.

느헤미야는 자신이 할 수 있는 일이 무엇인지 정확히 알았고 그것을 십분 활용하였다. 그는 자신의 위치에서 할 수 있는 일을 해냈다. 이것은 신분의 고하를 막론한 이야기다. 느헤미야였기 때문에 할 수 있는 일이었다.

결국 사람마다 할 수 있는 일들이 어쩌면 따로 있는지도 모른다. 아니 다르게 표현해서 그 사람만이 할 수 있는 무언가가 분명히 있다. 그렇다면 우리는 누구도 그것이 어떤 영역이든 획일화시킬 수 없다. 그것이 사역이라 할지라도 말이다.

나는 획일화만큼 비성경적인 것도 없다고 생각한다. 어쩌면 그것은 하나님의 가장 크고 위대한 사역 가운데 하나인 창조 섭리를 대놓고 거스르는 것이다. 하나님은 천지 모든 만물들을 모두 다르게 만들어 놓으셨다. 하나님만큼 다른 것을 좋아하시는 분도 없다. 어쩌면 달라서 만족하셨는지도 모른다. 하나님께서 그 만드신 것을 보고 매우 좋아하고 만족하셨으니 말이다.

그런데 인간은 늘 획일화 되어야 '하나' 된 것이고 '순종' 하는 것이라고 생각한다. 하나님께서 말하는 하나됨이란 획일화가 아니라 다른 것이 '조화' 됨으로 서로 보완하는 하나됨인데 말이다.

느헤미야의 정치적 배경, 조심성, 치밀함 등등의 특징들은 다른 사람이 따라갈 수 없는 독특한 것이었다. 그런데 여기서 우리는 습관적인 오류를 또 저지른다. "그럼! 내가 느헤미야가 되어야겠어!!!"라고 또 덤비는 것이다. 제발……, 그게 아니라 "당신은 당신이어야 한다!!!"라고 말하고 싶은 것이다. 당신의 것을 찾고 당신만이 할 수 있는 것을 하는 것이 최상이다. 한 때 이런 카피를 많이 들었다. "가장 한국적인 것이 가장 세계적인 것이다." 우리에게만 있는 것이 바로 경쟁력이 있는 것이라는 말이다. 흉내 내고 따라가려고 할수록 언제나 둘째일 수밖에 없다.

미국에 살면서 절실하게 느끼는 게 바로 이런 부분이다. 예전과 달리 영화에 나오는 배우들을 보면 감동이 없다. 아들을 학교에 차로 데려다 주면서 늘 농담처럼 하는 말이 있다. 어느 날은 '히야, 저기 제시카 알바 걸어간다.' 어떤 날은 '야, 저 사람은 다리가 허리부터 시작된다.' 그리고 아들이 학교에서 돌아오면 '현아, 오늘 탐 크루즈가 와서 TV 고쳐주고 갔어.' 뭐 그런 농담들이다. 아무리 높은 신을 신는다고 미국인 다리처럼 길어질리 만무고, 아무리 얼굴을 깎는다고 서양인처럼 갸름해질 수 없는 일이다. 흉내 내서 따라갈 수 없다. 그건 그들도 마찬가지다.

결국 그들이 할 수 없는 것, 가장 동양적인 것이 가장 그들보다 우월할 수 있는 것이다. 요즘은 동양에 대한 관심이 많아서 거리에서도 한글이나 한자로 쓰인 T셔츠를 입고 다니는 사람들을 많이 본다. 그런데 글자들을 보면 정말 우스운 말들이 많다. 결국 그들도 마찬가지로, 우리를 흉내 내지만 따라잡지 못한다.

그래서 어쩌면 우리는 엘리야를 더 위대하다고 해야 할지, 엘리야를 먹여 살린 사렙다 과부를 더 위대하다고 해야 할지 함부로 저울질 할 수 없다. 다만 누구나 고유한 역할과 능력이 있고 그것이 잘 발휘될 때 진정한 순종과 사역이 된다.

나는 대학 때 의상학을 공부했다. 의상에는 이론적인 것도 있지만, 실무와 관련된 것들을 많이 배워야 한다. 때문에 일반 학문을 하는 것보다 훨씬 많은 시간을 광범위한 것들을 배우느라 고생을 무척 많이 했다. 그 중 하나가 옷을 입은 사람을 그려야 하는 일러스트였다. 물론 나는 미술을 전공하려고 오랜 기간 그림을 그렸기에 어렵지는 않았다. 다른 친구들도 기초 소묘에 대한 훈련을 해야 했기에 그림 자체가 어려운 것은 아니었다.

새 학기가 되어 새로운 교수가 부임했는데, 프랑스에서 유학하신 분이었다. 당시 우리가 아는 일러스트는 복장학원에서 가르쳐주는 소위 인형 그리듯 정해진 대로 그리는 기법이었다. 이 방법은 어느 학원이나 비슷했기에 열이면 열 다 똑같았다. 그저 테크닉만 가르쳐주기 때문이다. 그런데 새로 오신 교수님은 우리에게 자신만의 그림을 찾으라고 요구하셨다. 밑도 끝도 없는 일이었고 매 시간이 고역이었다. 무슨 말인지 의미도 모르겠고 뭘 그려도 내 그림은 나오지 않았다. 그저 어느 책에서 봤던 예쁜 그림만 흉내 낼 뿐이었다. 한 학기의 반 이상이 지나도록 우리들 대부분은 헤매고 있었지만 교수님은 강경했다. 결국 한 학기가 다 마칠 때가 되어서야 우리는 각자의 그림을 찾아가기 시작했다. 힘겨운 과정이었지만 다들 자신들의 내면에서 찾아낸 자신만의 성향을 담은 창조적인 일러스트를 그릴 수 있게 되었다.

교회 안에서의 여전도사들의 사역을 보면 마치 한 학원에서 배운 듯 누가 그려도 똑같은 일러스트를 보는 느낌이다. 개성도 없고 더 잘하고 못할 것도 없는 모두 똑같은 그림이었다. 안전하게 어느 정도까지는 그릴 수 있지만 자신의 색깔이나 능력을 보여줄 틈이 전혀 없는 정형화된 그림말이다.

처음 그 교수님의 방법은 확실히 기능적이지는 않았다. 여기는 이렇게, 저기는 저렇게 하라고 가르쳐주지 않았으니까. 그러나 그렇게 정해진 것이 오히려 자신의 색깔을 찾아가는 데 방해가 된다는 것을 아신 것 같다. 힘은 들었지만 결과적으로 각자가 할 수 있는 능력의 문을 활짝 열어주었기에 흉내 낼 수 없는 창조성을 발굴

할 수 있었다.

창조성. 이것이야 말로 하나님의 형상을 가장 많이 닮은 모습이고 성경적인 것이라고 생각한다. 나만이 할 수 있는 창조성을 발굴해 낸다면 그 열매는 아마 우리가 상상할 수 없을 만큼 위대한 것이 될 수도 있다.

위기에 떨어져 죽지 마라

살면서 위기가 없는 사람이 있을까? 많은 사람을 상담해 봤지만 그 가운데 특별히 기억에 남는 이상한 사람이 있다. 그의 인생은 무척 특별했고 축복으로 가득차보였다. 대단한 어린 시절을 보냈고 드라마에서나 볼 것 같은 탁월한 재능과 성품을 가졌다. 최소한 그 사람의 설명에 의하면 말이다. 완벽한 결혼을 하고 행복과 감사가 넘쳐났다. 그 사람의 일생에 대해 들으며 감탄하면서도, 왠지 이상함을 느꼈다. 여러 사람을 만나고 상담해 봤지만 고난이 없는 인생은 본 적이 없었다. 그런데 이 사람은 예외였다. 뭔가 이상했다. 자연스럽지 않았고, 의구심이 가시지 않았다. 그런데 시간이 한참 지나서야 내 의구심이 해결되었다. 그 사람의 인생은 그동안 말한 것처럼 그렇게 완벽하지 않았다. 거짓말을 한 것이 아니라 말하지 않은 부분이 남아있었다. 오히려 그보다 힘든 고난의 삶이 수년간 지속되고 있음을 나중에 듣고서 안도의 숨을 내쉬었다. 그 안도의 숨은 시샘이 나서도 아니고 열등감 때문도 아니었다.

애초에 그분은 자신의 완벽한 인생에 대해 그리고 다른 사람들이 경험하지 못한 완벽한 행복을 가득 채워 말했지만, 그 이야기를 들으면서 나는 '하나님은 이 사람을 사랑하지 않으시나?'라는 의구심을 상대적으로 갖게 되었다. 그만큼 고난이 있는 인생이 정상이기 때문이다. 고난을 어떻게 해석하느냐는 다를 수 있다. 고난을 감사와 기쁨으로 받아들이며 살 수는 있지만 고난이 전혀 없는 사람은 없다. 만약 있다면 어쩌면 하나님이 그 사람을 사랑하지 않는다고 생각할 것 같다. 그만큼 고난이 가져다주는 보이지 않는 축복이 매우 크기 때문이다.

그렇다고 해서 고난을 당하는 모든 사람이 살아남는 것은 아니다. 한 때는 고난을 당하는 성도들의 삶이 스스로 깨닫지는 못할지라도, 늘 좋은 영적 결과들이 있을 것이라고 확신했다. 그것이 자연스런 결과라고 생각했다. 그러나 실제로는, 아주 드물기는 하지만, 고난으로 인해 넘어지고 하나님의 길을 떠나 영적 죽음의 길로 간 사람을 보았다. 그것을 통해서 위기에 모든 사람이 살아남는 것은 아니라는 사실을 깨달았다. 위기에 살아남기 위해서는 애달픈 노력이 필요했다.

대부분의 여자 전도사들은 그가 사역자의 길을 택하기까지 때론 남자 사역자들보다 더 많은 우여곡절을 가진 경우가 많다. 그리고 사역 때문에 혹은 사역할 수 있는 여건이 되기까지 정상적인 가정을 꾸리지 못하는 경우도 많다. 때문에 훨씬 더 많은 눈물과 아픔의 길을 걸어 지금까지 온 사람이 많다.

그러나 그렇게 걸어와 이 길에 서니 고난이 끝인가? 그렇지 않다. 이 사역의 길에도 너무 많은 가시밭길이 있고 높은 산과 깊은 절벽을 만나곤 한다. 이 사역의 길에서 우리는 또 살아남아야 한다. 어떤 이는 평지를 걷듯 가지만 어쩌면 여성 사역자들은 잠깐의 평지도 만나보지 못할 수도 있다. 그럴 때도 죽지 말고 살아남아야 한다. 위기에 모든 사람이 자동적으로 살아남아 그것을 기회로 만드는 것이 아닌 것처럼 의지를 갖고 뜻을 갖고 소망을 갖고 살아남아야 한다.

개와 늑대는 같은 종의 짐승이다. 그러나 둘 사이에 싸움이 붙으면 당연히 늑대가 이긴다. 그 이유는 늑대는 훨씬 더 힘든 야생에서 살아남기 위해 몸부림치며 살아왔기 때문이다. 한 번도 쉽게 먹이를 얻은 적이 없고, 편하고 따뜻한 잠자리를 제공하는 인간의 도움을 받아본 적이 없다. 추위와 더위, 배고픔과 아픔이 그대로 노출된 생활을 해야 하기 때문에 그들은 강해질 수밖에 없다.

어쩌면 여성 사역자로 살아간다는 것이 타고난 여성성과는 상관없이 열악한 사역의 현장에 노출되어 살아야 하는 건지도 모른다. 하지만, 때로는 그것 때문에 훨씬 더 강한 사역자가 될 수도 있고 때로는 그렇기 때문에 더 강해져야 한다.

위기에 떨어져 죽지 마라. 반드시 살아남아서 하나님께서 우리를 부르신 부르심을 완성하고, 내가 하나님 앞에서 드린 그 서원을 이루는 날까지 힘을 내어 정진하는 강한 일꾼이 되자. 강하다는 것은 거칠고 무례하다는 의미가 아니다. 때로는 갈대가 굵은 나무보다 태풍을 더 잘 이겨낼 수 있는 것처럼 흔들리지 않는 믿음을 가진 심지가 견고한 사역자가 된다면 바다 심연의 평온함이 바로 참된 강함이 되어 우리가 기대했던 사역의 고지까지 우리를 인도할 것이다.

그렇게 자신을 지켜내기 위해 우리는 자신만의 영역을 반드시 만들어야 한다. 나만이 할 수 있는 것 그것은 학벌이나 지식이나 경험이나 어떤 고정화된 경계를 뛰어넘을 수 있는 것들이다. 하나님의 한계 없으심 안에서 나를 만드신 그 본질을 찾아낸다면 반드시 나만이 할 수 있는 영역들을 만들어내고 그것으로 인해 누구도 범접할 수 없는 영적인 권위, 혹은 나를 교회 밖으로 던져낼 수 없는 고귀한 명분을 스스로 간직하게 된다.

모든 사역자들은 사역자의 이동이 하나님의 뜻 안에 있다고 믿는다. 사역자의 이동만이 아니라 모든 인간의 영역이 그렇다. 그러나 반드시 기억하라. 사역자를 움직이는 것은 바로 인간의 손을 통해서라는 것을. 그 인간을 설득할 힘이 없다면 우리는 살아남을 수 없다는 것을 말이다.

그들이 내게 명분을 부여할 수는 없다. 내가 그들에게 나의 존재를 확고하게 할 명분을 제공해야 한다. 그것이 여자 전도사들이 가진 진정한 과제다. 환경을 탓할 수는 있다. 하지만 아무도 그 푸념에 귀 기울이지 않을 것이다. 그리고 그런다고 바뀌는 것은 없다. 현실을 받아들이지만, 포기하고 주저앉아 안일하게 자신을 정리하는 것이 아니라, 그 현실 속에서 자기 영역을 만들어가며 스스로 자신의 자리를 넓혀가는 것, 이것이 우리가 해야 할 가장 지혜로운 선택이다.

모두가 다 아는 이야기지만, 자동차 왕 헨리 포드는 성공하기 전에 5번이나 파산했다. 발명왕 토마스 에디슨은 전구의 필라멘트를 발명하기 위해 1000번 이상 실패했다. 수백 번의 실험 후에 그의 조수가 이제 그만두자고 했을 때 그는 "왜 포기하는가, 적어도 우리는 안 되는 방법을 수백 가지나 알고 있지 않은가?"라고 답했다고 한다.

어쩌면 우리는 그렇게 수백 번 노력해도 에디슨처럼 위대한 발명가가 되지 못할지도 모른다. 5번 이상 파산과 같은 어려움을 경험해도 헨리 포드처럼 위대한 기업을 이룰 수 없을 것이다. 하지만 최소한 동등한 사역자로서 하나님 앞에서 한 인간의 제 빛을 발휘할 기회를 얻을 수는 있을 것이다.

나는 남성 사역자들을 뛰어 넘고 싶다는 생각을 해 본 적은 없다. 그들을 나의 경쟁 대상이라고 생각해본 적이 없다. 다만 나의 소원은 내가 하나님 앞에 부름 받은 한 인간으로서 내가 할 수 있는 일을 동등하게 해보고 싶다는 것이었다. 말에게는 달리게 하고, 새에게는 날게 하는 것이 가장 효과적인 일이다. 말더러 날라 하고, 새더러 달리라 한다면 그건 헛된 노력이다. 다르다고 못하는 것은 아니다. 다르기에 상대가 못하는 것을 훨씬 잘할 수 있다는 것, 그것은 가능성이고 능력이다.

당신은 다른 사람과 다른가? 당신은 남성 사역자들과 다른가? 혹시 당신은 날아야 하는데 걷고 있지 않은지, 혹시 당신은 달려야 하는데 헤엄치려하고 있지는 않은지 돌아보라. 오리로 태어났는데 달리기 연습을 하며 좌절하고 있지 않은지 당신의 본질을 다시 돌아보라. 한국 교회가 여성 사역자들에게 문을 활짝 열어준다면 미운 오리 새끼에게 날 수 있는 기회를 주는 것이라 생각한다. 어쩌면 새로운 지평이 열릴지도 모른다. 획일적인 기준으로 말과 비둘기를 달리기로 평가했다면 비둘기의 날개를 풀어주고 다시 경주를 시켜야하지 않은가.

서바이벌 체크

☕ 다른 사람에게 특별히 칭찬받는 영역이 무엇인지 적어보라. 가능한 여러 가지를 적자.

☕ 다른 부교역자들과 비교해서 내가 잘 할 수 있는 영역이 무엇인지 적어보자.

☕ 자신의 삶에 고난이 많았다고 해서 다른 사람을 부러워하거나 위축된 적이 있는가? 혹시 고난이 하나님이 나를 사랑하지 않기 때문이라고 생각하지 않는지 정직하게 마음을 들여다보라.

한국 교회에서
여 전 도 사 로
살 아 남 기

"우리가 살아남아야 하는 이유,
그것은 하나님의 부르심 때문이다."

| 시작하는 글 |

부르시면 언제든 달려 나갈
출발선 위에서…

마지막 마무리 글을 '나가는 글'로 하지 않고 '시작하는 글'로 한 것은 이 책을 덮는 순간부터 새로운 시작이 우리 앞에 있기 때문이다.

나는 도저히 꿈쩍도 하지 않을 것 같은 한국 교회의 현실 앞에서 기도한다. 그리고 꿈꾼다. 어느 날 시야가 열린, 앞서가는 교계의 지도자들이 능력 있는 여성 사역자들을 찾을 때 그들을 통해 한국 교회가 새로운 힘을 충전 받을 그날을 말이다. 그리고 그 기회는 준비된 자에게 주어질 것이다. 바로 당신이 그 기회를 붙잡기 바란다. 생각보다 준비하는 시간이 오래 걸릴지도 모른다. 그러나 그날을 준비하고 그래서 새로운 사역의 장이 열릴 때 당신이 당당히 앞서 나아가라.

'나에게 운전대를 맡길 지도자가 당신입니까? 저는 준비되었습니다. 저를 써주십시오.'라고 말이다. 앞에 나서는 일은 두려운 일이고, 남이 하지 않은 일을 시도하는 것도 두려운 일이다. 나 자신도 늘 그렇게 도전해왔다. 그 때마다 두려웠고 때로는 어려움도 있었다. 그러나 그 도전을 후회한 적은 한 번도 없다. 왜냐하면 도전하지 않았더라면 결단코 경험할 수 없는 새로운 세계를 맛보았기 때문이다. 도전하지 않으면 안전하게 살지는 모르겠다. 하지만 나는 하나님의 요청으로 늘 도전했다. 때로는 위험했지만 순종의 이름으로 나아갔고 하나님은 내게 '안일에 빠질 수 있는 안전'보다 '모험을 감행하는 도전'을 선택하도록 북돋아주셨다.

어쩌면 우리는 우리에게 주어진 인생이라는 커다란 책의 반도 열어보지 못하고 죽을지도 모른다. 하나님께서 열어주신 모든 가능성을 가지고 용기를 내어 다음 장, 그 다음 장을 열어가자. 어쩌면 그 다음 장은 전혀 예상할 수 없는 것들로 가득 차 있는지 모르지만, 그 인생의 책을 하나님께서 주셨다는 믿음으로 나아간다면 이토록 지루한 인생과 사역이 아닌 역동적인 삶으로의 전환점이 될지도 모른다.

여전도사의 현실은 그다지 밝지 않다. 거짓으로 스스로를 위로하고 싶지는 않다. 그러나 어두운 현재 상황으로 다가올 미래를 모두 단정 지을 수는 없다. 나 자신 또한 너무 많은 눈물을 흘리며 여기까지 왔고, 또 앞으로도 그렇게 갈 것이다. 때론 이 불합리한 사역의 장에서 '이젠 지쳤다' 하며 뒤돌아 걸어 나가고 싶은 마음이 문득문득 올라오기도 한다. 그러나 그럴 수 없는 이유가 있다. 하나님께서 나를 부르셨기 때문이다. 그것이 우리가 멈추지 말고 가야하는 이유다. 그 음성이, 나를 처음 사역으로 부르셨던 그 음성이 우리가 버텨야할 그리고 살아남아야 할 가장 큰 명분이다.

　하나님의 부르심이 허망한 꿈이 아니라 현실이 되게 하라. 도전하고 시작하라. 언제 기회가 올지는 모르지만 그 기회를 위해 준비하라. 그리고 멋지게 살아남아라. 하나님의 부르심, 그 가치를 위해!

'우리가 살아남아야 하는 이유,
그것은 하나님의 부르심 때문이다.'

생명의말씀사

사 | 명 | 선 | 언 | 문

> 너희가 흠이 없고 순전하여……세상에서 그들 가운데 빛들로
> 나타내며 **생명의 말씀**을 밝혀 (빌 2:15-16)

1. 생명을 담겠습니다.
만드는 책에 주님 주신 생명을 담겠습니다.
그 책으로 복음을 선포하겠습니다.

2. 말씀을 밝히겠습니다.
생명의 근본은 말씀입니다.
말씀을 밝혀 성도와 교회의 성장을 돕겠습니다.

3. 빛이 되겠습니다.
시대와 영혼의 어두움을 밝혀 주님 앞으로 이끄는
빛이 되는 책을 만들겠습니다.

4. 순전히 행하겠습니다.
책을 만들고 전하는 일과 경영하는 일에 부끄러움이 없는
정직함으로 행하겠습니다.

5. 끝까지 전파하겠습니다.
모든 사람에게, 땅 끝까지, 주님 오시는 그날까지
복음을 전하는 사명을 다하겠습니다.

생명의말씀사 서점안내

광화문점 110-061 종로구 신문로 1가 58-1 구세군 회관 2층
   TEL. (02) 737-2288 / FAX. (02) 737-4623

강 남 점 137-909 서초구 잠원동 75-19 반포쇼핑타운 3동 2층 전관
   TEL. (02) 595-1211 / FAX. (02) 595-3549

구 로 점 152-880 구로구 구로 3동 1123-1 3층
   TEL. (02) 858-8744 / FAX. (02) 838-0653

노 원 점 139-200 노원구 상계동 749-4 삼봉빌딩 지하1층
   TEL. (02) 938-7979 / FAX. (02) 3391-6169

분 당 점 463-824 경기도 성남시 분당구 서현동 269-5 서원프라자 서현문고 서관 4층
   TEL. (031) 707-5566 / FAX. (031) 707-4999

신 촌 점 121-806 마포구 노고산동 107-1 동인빌딩 8층
   TEL. (02) 702-1411 / FAX. (02) 702-1131

일 산 점 411-370 경기도 고양시 일산구 주엽동 83번지 레이크타운 지하 1층
   TEL. (031) 916-8787 / FAX. (031) 916-8788

의정부점 484-010 경기도 의정부시 금오동 470-4 성산타워 3층
   TEL. (031) 845-0600 / FAX. (031) 852-6930

파 주 점 413-012 경기도 파주시 금촌 2동 68번지 송운빌딩 2층
   TEL. (031) 943-6465 / FAX. (031) 949-6690

인터넷서점

http://www.lifebook.co.kr